浙江省普通高校"十三五"新形态教材
高等职业教育新形态一体化教材
高职高专跨境电子商务专业系列教材

跨境电商 B2C 平台运营

叶杨翔　主　编

刘颖君　陶丽萍　郑红花　吴奇帆　副主编

电子工业出版社
Publishing House of Electronics Industry
北京·BEIJING

内 容 简 介

本书主要阐述跨境电商 B2C 平台的基本原理和实际应用，包括跨境电商 B2C 平台的概况、商品选品分析、商品上架、数据优化、订单处理、客户服务、营销推广等具体模块的运营操作，体现理论与实际操作相结合，适合经济类高职、本科学生作为教材使用，也适合企业管理、外贸公司员工学习跨境电子商务知识的参考用书。

未经许可，不得以任何方式复制或抄袭本书之部分或全部内容。
版权所有，侵权必究。

图书在版编目（CIP）数据

跨境电商 B2C 平台运营 / 叶杨翔主编 . —北京：电子工业出版社，2022.5
ISBN 978-7-121-43233-0

Ⅰ . ①跨… Ⅱ . ①叶… Ⅲ . ①电子商务—商业经营—高等学校—教材 Ⅳ . ① F713.365.2

中国版本图书馆 CIP 数据核字（2022）第 053174 号

责任编辑：贺志洪
印　　刷：固安县铭成印刷有限公司
装　　订：固安县铭成印刷有限公司
出版发行：电子工业出版社
　　　　　北京市海淀区万寿路 173 信箱　邮编 100036
开　　本：787×1092　1/16　印张：9.5　字数：243.2 千字
版　　次：2022 年 5 月第 1 版
印　　次：2025 年 7 月第 5 次印刷
定　　价：44.00 元

凡所购买电子工业出版社图书有缺损问题，请向购买书店调换。若书店售缺，请与本社发行部联系，联系及邮购电话：（010）88254888，88258888。
质量投诉请发邮件至 zlts@phei.com.cn，盗版侵权举报请发邮件至 dbqq@phei.com.cn。
本书咨询联系方式：（010）88254609 或 hzh@phei.com.cn。

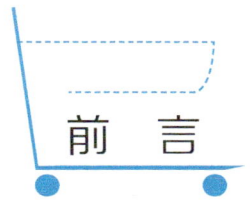

前言

随着我国跨境电子商务的快速发展，以及疫情背景下传统企业纷纷转型线上进行跨境电商零售，社会各界对于跨境电子商务的人才需求不断增加。为了适应这一需求，本书编写团队从 2015 年开始在高校内开展速卖通、Wish 等跨境电商平台的实战教学及学生创业团队的培养孵化，将真实的项目融入专业课程体系，努力培养适应时代新背景的新型外贸人才。

在编写本书的过程中，编者以项目化的实操流程编写，按照速卖通店铺的平台规则、注册流程、产品选品、产品发布、跨境物流、跨境营销推广、数据分析、客户沟通及纠纷处理等模块进行教学设计。

鉴于目前跨境电商实操类的教材侧重点都会放在实操流程部分，而弱化了理论部门的内容，而且跨境电商平台的规则更新太快，经过编写团队的讨论，我们将每个模块的理论部分前置，先让学生了解相关的理论内容，然后再进入操作模块的流程化内容学习。

本书由浙江工贸职业技术学院叶杨翔担任主编，负责全书的框架设计，拟定编写大纲；无锡商业职业技术学院陶丽萍，浙江工贸职业技术学院郑红花、吴奇帆、刘颖君担任副主编。项目一由无锡商业职业技术学院陶丽萍编写，项目二由浙江工贸职业技术学院叶杨翔编写，项目三由浙江工贸职业技术学院吴奇帆编写，项目四由宁波城市职业技术学院孙从众编写，项目五由浙江工贸职业技术学院刘颖君编写，项目六由浙江工贸职业技术学院刘颖君、夏金阳和林侃编写，项目七由浙江工贸职业技术学院郑红花编写，项目八由浙江工贸职业技术学院钱奕儒编写。

本书编写过程中参阅了大量的平台资料（速卖通平台、亚马逊平台等），以及大量的网络信息资料（雨果网），书后参考文献未能一一列出，在此一并表示真挚的感谢。

跨境电子商务的平台规则、操作流程瞬息万变，本书的内容仅以截稿日期前的平台规则为准。由于编写时间紧，书中难免出现疏漏和错误，恳请广大读者批评指正。

编者

2021 年 11 月于温州

目 录

项目一　跨境店铺注册　/ 001

　　项目目标　/ 001

　　项目导入　/ 001

　　项目分析　/ 002

　　知识导入　/ 002

　　　　一、跨境电商的概念　/ 002

　　　　二、主流的跨境电商 B2C 平台　/ 002

　　　　三、速卖通基本规则　/ 009

　　思政园地　/ 017

　　知识巩固　/ 018

　　操作技能训练　/ 019

项目二　跨境数据选品　/ 020

　　项目目标　/ 020

　　项目导入　/ 020

　　项目分析　/ 021

　　知识导入　/ 021

　　　　一、利基市场与大众市场　/ 021

二、蓝海与红海 / 022

三、跨境电商选品的策略 / 022

四、跨境电商选品的方法 / 024

思政园地 / 030

知识巩固 / 031

操作技能训练 / 032

项目三　跨境商品发布 / 033

项目目标 / 033

项目导入 / 033

项目分析 / 034

知识导入 / 034

一、基本信息 / 034

二、价格与库存 / 038

三、详细描述 / 039

四、包装与物流 / 040

五、其他设置 / 042

思政园地 / 047

知识巩固 / 048

操作技能训练 / 048

项目四　店铺视觉优化 / 050

项目目标 / 050

项目导入 / 050

项目分析 / 051

知识导入 / 051

一、跨境电商店铺装修优化的重要性 / 051

二、网店装修注意事项 / 051

三、无线端店铺装修技巧与注意事项 / 052

四、图片处理技巧与注意事项 / 053

知识巩固 / 065

操作技能训练 / 066

项目五　跨境电商营销推广　/ 067

　　项目目标　/ 067

　　项目导入　/ 067

　　项目分析　/ 068

　　知识导入　/ 068

　　　一、跨境电商营销的概念　/ 068

　　　二、跨境电商营销手段　/ 068

　　　三、跨境电商营销策略　/ 073

　　　四、跨境电商营销手段的组合应用　/ 074

　　思政园地　/ 082

　　知识巩固　/ 082

　　操作技能训练　/ 084

项目六　跨境物流操作　/ 085

　　项目目标　/ 085

　　项目导入　/ 085

　　项目分析　/ 086

　　知识导入　/ 086

　　　一、跨境电商物流方式　/ 086

　　　二、运费计算　/ 094

　　思政园地　/ 100

　　知识巩固　/ 101

　　操作技能训练　/ 102

项目七　深度数据分析　/ 103

　　项目目标　/ 103

　　项目导入　/ 103

　　项目分析　/ 104

　　知识导入　/ 104

　　　一、数据指标的概念　/ 104

　　　二、单品数据——转化率的提升技巧　/ 106

　　　三、影响单品点击率的因素　/ 107

　　思政园地　/ 117

知识巩固　/ 117

　　操作技能训练　/ 119

项目八　客户维护操作　/ 120

　　项目目标　/ 120

　　项目导入　/ 120

　　项目分析　/ 121

　　知识导入　/ 121

　　一、跨境电商客服介绍　/ 121

　　二、客服纠纷处理　/ 122

　　三、老客户二次营销小技巧　/ 129

　　思政园地　/ 139

　　知识巩固　/ 140

　　操作技能训练　/ 141

参考文献　/ 143

项目一

跨境店铺注册

项目目标

知识目标

※ 掌握跨境电商的基本含义、常见的跨境电商 B2C 平台。
※ 了解跨境电商与传统外贸的区别。
※ 掌握主流跨境电商 B2C 平台——速卖通店铺注册的基本流程。
※ 了解其他跨境电商 B2C 平台的店铺注册流程。

能力目标

※ 能为跨境店铺注册准备相应材料。
※ 能分组模拟完成店铺注册。
※ 能顺利通过卖家开店考试。

思政与素质目标

※ 培养学生的多岗位协同合作意识。
※ 培养学生细心耐心精心的工匠精神、敬业精神。
※ 培养学生具备全球认知能力和应变能力。

项目导入

浙江致远电子商务有限公司是一家以跨境电商业务为主的电子商务公司,成立于 2017 年 9 月份,目前主营的平台有 Wish 和亚马逊。公司决定在速卖通平台新开一家店铺,运营五金卫浴产品。公司的跨境电商部门经理给运营人员小王布置了在速卖通平台注册并开通店铺的任务。

 ## 项目分析

跨境电商店铺注册是卖家运营跨境电商的第一步，每个跨境电商平台都有自己的注册要求和流程。该项目以 B2C 平台速卖通店铺的注册流程为例，小王需要去了解速卖通店铺注册的资料要求、店铺注册的流程、后期的企业身份实名认证，以及通过卖家开店考试。

小王的主要任务有以下几个。

工作任务 1：店铺注册资料准备

通过网络资料查找，了解在速卖通平台注册需要哪些资料，并一一准备好。

工作任务 2：商家店铺注册

按照速卖通平台注册提示一步步完成注册程序。

工作任务 3：进行实名认证

根据速卖通平台企业身份认证提示提交相关资料进行认证。

工作任务 4：卖家开店考试

认证完成后进入速卖通卖家开店考试环节，考试的题目是 50 道选择题，每道题 2 分，共计 100 分，90 分及格。

 ## 知识导入

一、跨境电商的概念

认识跨境电商
视频

跨境电商有广义和狭义之分。其中，广义的跨境电商是指分属不同关境的交易主体通过电子商务手段达成交易的跨境进出口贸易活动。狭义的跨境电商特指跨境网络零售，指分属不同关境的交易主体通过电子商务平台达成交易，进行跨境支付结算，通过跨境物流送达商品、完成交易的一种国际（地区间）贸易新业态。跨境网络零售是互联网发展到一定阶段所产生的新型贸易形态。

跨境电商源于电子商务，属于电子商务的范畴，是电子商务的一种新型应用模式。跨境电商既包括海淘、代购、跨境零售，又包括跨境 B2B 模式等，凡是通过电子商务模式实现跨越国境或关境的商业活动都归属于跨境电商的范畴。

二、主流的跨境电商 B2C 平台

亚马逊平台
介绍

（一）亚马逊 Amazon 平台

1. 平台简介

亚马逊 Amazon 平台以商品为王*，作为全球电子商务鼻祖，亚马逊对于整个世界的影响力是巨大的。中国外贸人最先接触到的出口跨境电商平台也是亚马逊，其主要市场在美国和加拿大。亚马逊对卖家的要求比较高，比如产品品质、品牌等方面的要求，手续也比速卖

---

* 注：本书对于产品、商品不追求全书统一，只保持局部统一。

通复杂。对于成熟的亚马逊卖家，最好先注册一家美国公司或者找一家美国代理公司，然后申请联邦税号。亚马逊的销售模式是 B2C 模式，但是很多买家也是小批量的 B 买家，亚马逊也有专门的 B2B 业务模式。亚马逊平台界面如图 1-1 所示。

图 1-1　亚马逊平台界面

2. 注意事项

第一，选择亚马逊平台，最好有比较好的供应商合作资源。供应商品质需要非常稳定，最好有很强的研发能力。

第二，接受专业培训，了解开店政策和知识。亚马逊的开店操作比较复杂，并且有非常严格的审核制度，如果违规或者不了解规则，不仅会有封店铺的风险，甚至会有法律上的风险。

第三，需要有一台电脑专门用于登录亚马逊账号。这对于亚马逊的店铺政策和运营后期都非常重要。一台电脑只能登录一个账号，不然会跟规则有冲突，用座机验证新用户注册最好。

第四，经营亚马逊店铺需要一张美国的银行卡。亚马逊店铺产生的销售额是全部保存在亚马逊自身的账户系统中的，想要把钱提出来，必须要有美国本土银行卡。

第五，运营亚马逊店铺，流量是关键。亚马逊流量主要分内部流量和外部流量两类，类似于国内的淘宝。同时，应注重 SNS 社区营销，软文等营销方式也比较有效果。

选择亚马逊平台需要有很好的外贸基础和资源，包括稳定可靠的供应商资源、美国本土人脉资源等。卖家最好有一定的资金实力，并且有长期投入的心态。

3. 平台优劣势

（1）优势：电子商务的"鼻祖"，比其他平台开通得都要早，拥有庞大的客户群和流量优势，每个月有八千万的流量，以优质的服务著称；具有强大的仓储物流系统和服务，尤其是北美、欧洲、日本地区。卖家只需要负责出售商品，后期的打包、物流、退换货都由亚马逊提供统一的标准的服务模式，会产生一些服务费用，包括存储费、配送费和其他服务费用，也可以选择自己配送；站点联动，比如亚马逊欧洲站点只需要有一个国家的账户就可以面向全欧洲市场销售；提供中文注册界面。

（2）劣势：对卖家的商品品质要求高，企业最好有研发能力；卖家必须可以开具发票；对产品品牌有一定的要求；手续较其他平台略复杂；同一台电脑只能登录一个账号；收款银行账号需要注册自美国、英国等国家。

4. 平台服务方案

通常平台有两种 prime 销售方案（会员购物的增值计划），一种是个人销售方案和专业销售方案，区别在于上传的产品数量以 40 个为分界线，个人销售方案免费，但是只能上传 40 个之内的商品，另一种是专业销售方案，需要支付 39.99 美元的费用，但是可以上传 40 个以上的商品。个人销售方案要 90 天才有黄金购物车 buy box，专业销售方案是账号一下来就有 buy box。另外在销售的额度上也是有差别的，即销售增长过快时，个人销售方案卖家相对比较容易受到账号审核。

同时，亚马逊还提供增值服务——Fulfillment by Amazon（FBA），即亚马逊官方物流，亚马逊超过 50% 的客户都是金牌会员，需要支付 99 美元，成为金牌会员可以享受精准的营销推送服务和快捷的物流服务，实现跨境产品 2~3 天内送到客户手中。

新人注册亚马逊账号以后，后期收款，其银行账号需要是美国、英国等国家的。这里有几个选择，注册一家美国公司或者找一家美国代理公司，然后申请联邦税号；作为外贸人，一般都有一些海外客户资源，不妨通过他们解决这个问题；实在不行，国内也有一些代理机构提供这样的服务。

总之，选择亚马逊平台，需要供应商有稳定可靠的商品资源、一定的资金实力、美国本土的人脉资源，并且有长期投入钻研的心态。新卖家最好能接受专业的培训，了解开店政策和知识，亚马逊的开店流程比较复杂并且有非常严格的审核制度，如果违规或者不了解规则，不仅会封店铺甚至会有法律上的风险。

（二）eBay 平台

1. 平台简介

eBay 的销售模式是 B2C 垂直销售，主要针对个人消费者，在发达国家比较受欢迎。eBay 成功的关键是选品，对于 eBay 的理解，基本上可以等同于国内的淘宝。对于从事国际零售的外贸人来说，eBay 的潜力还是巨大的，因为 eBay 的核心市场在美国和欧洲，是比较成熟的市场。相对于亚马逊，eBay 的开店手续不是特别麻烦。不过，eBay 有一个很需要重视的问题：其规则严重偏向于买家。如果商品售后问题严重的话，很容易出现问题。经营 eBay 店铺最核心的问题应该是付款方式的选择。一般商家选择的都是 PayPal，但也有一定的风险，特别对于 eBay 来说。经常有这样的实际案例，遇到买卖争议时，eBay 最终是偏向买家的，导致卖家损失惨重。经营 eBay 店铺前最好做个市场调研，对欧美市场的文化、人口、消费习惯、消费水平等方面进行研究，从而选择潜力商品，找一些 eBay 上的热销商品。

2. 平台特点

（1）eBay 的开店门槛比较低，但是需要的东西和手续比较多，比如发票、银行账单等，所以需要对 eBay 的规则非常清楚。

（2）eBay 开店是免费的，但上架一个产品需要收钱，这跟国内的淘宝还是有很大区别的。

（3）eBay 的审核周期很长，一开始宝贝数不能超过 10 个，而且只能拍卖，需要积累信誉才能越卖越多，出业绩和出单周期比较长。

（4）如果遇到投诉则是最麻烦的事情，店铺被封掉是经常有的事情，所以质量一定要过关。

（5）对于 eBay 的选择，应该有商品的地区优势，比如商品目标市场在欧洲和美国。eBay 操作比较简单，投入也不大，适合有一定外贸资源的人做。

3. 平台优势

排名相对公平、具有专业客服支持；新卖家可以靠拍卖曝光；开店门槛比较低，但规则烦琐，需要加以研究。

4. 平台劣势

买家保护政策强势，遇到买卖争议时候多半偏向买家，卖家损失惨重；英文界面不友好，上手操作不容易；费用不低，然而开店是免费的，上架商品需要收钱，商品成交费用和刊登费用共计约占17%；严苛的卖家标准（针对假货等商品），遇到投诉会被封店；一般采用PayPal付款，具有一定的风险；审核周期长，只能拍卖，商品数量有起始限制，需要积累信誉才能越卖越多，出单周期也长，需要慢慢积累。

5. 影响平台排名的因素

影响平台排名的因素有卖家表现、商品数量和更新速度、产品价格。

6. 适用商户类型

eBay适用商户类型有贸易商、有一定B2C经验的工厂、品牌经销商。

总之，对于eBay这个平台来说产品优先。是否选择eBay首先考虑的是商品本身，假如商家的商品目标市场在欧洲和美国，则可以选择eBay，和Amazon比起来，它操作比较简单，投入不大，适合有一定外贸货源的人操作。

（三）速卖通平台

1. 平台简介

全球速卖通平台是阿里巴巴旗下唯一面向全球市场打造的在线交易平台，被称为国际版"淘宝"。速卖通平台于2010年4月上线，目前已经覆盖200多个国家和地区，已经被称为全球最大的跨境交易平台之一。速卖通的业务覆盖3C、服装、家居、饰品等共30多个一级行业类目，其中优势行业主要有服装服饰、手机通信、鞋包、美容健康、珠宝手表、家居、汽摩配等。速卖通界面如图1-2所示。

速卖通平台介绍

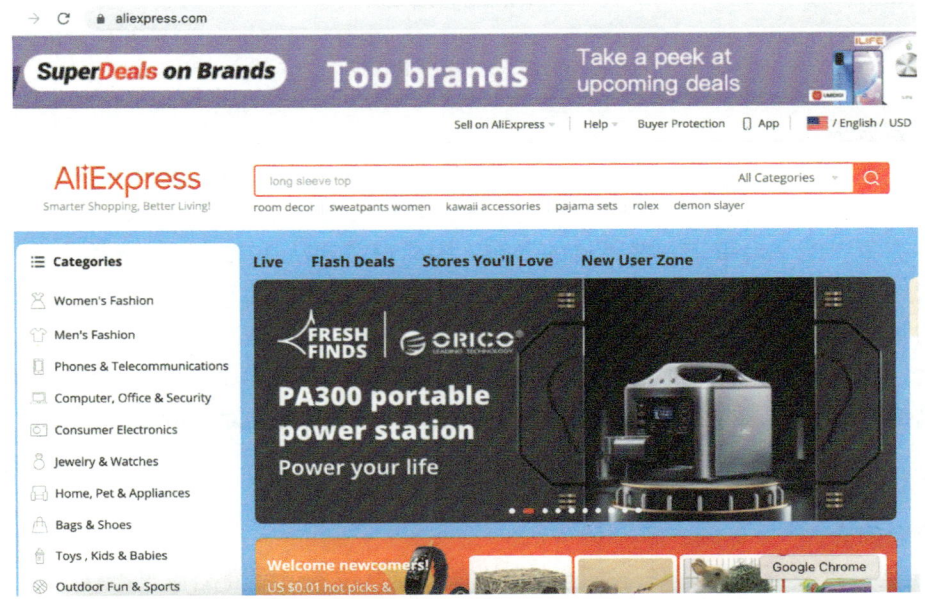

图1-2 速卖通界面

2. 平台特点

速卖通平台的销售模式是 B2B+B2C 垂直类销售，主要针对企业客户，侧重在新兴市场。75% 的海外市场分布在俄罗斯、巴西、美国、西班牙和土耳其。速卖通是阿里系列的平台商品，整个操作页面中英文版简单整洁，适合初级卖家上手。另外，阿里巴巴一直有非常好的社区和客户培训体系，可以快速入门。速卖通适合初级卖家，尤其是其商品特点符合新兴市场的卖家，商品有供应链优势寻求价格优势的卖家，最好是供应商直接拿货销售。

3. 平台优势

在全球贸易新形势下，买家采购方式正在发生剧烈变化，小批量、多批次采购正在形成一股新的潮流，更多的终端批发零售商直接上网采购。短周期，高利润。直接向终端零售商和网店供货，更短的流通渠道，直接在线支付收款，拓展了商品利润空间，创造更多收益。低成本，高安全。买卖双方在线沟通，下单支付一步到位，国际快递发送货物，缩短交易周期。网站诚信安全体系为交易过程保驾护航，避免货款受骗。速卖通平台优势如图 1-3 所示。

小订单
单个订单一般在 **500** 美元以下

大市场
有机会接触来自全球 190 多个国家的买家

短周期
买卖双方在线沟通
下单支付一步到位
国际快递全球配送

高利润
直接向国外终端零售商和网店供货，拓展产品利润空间

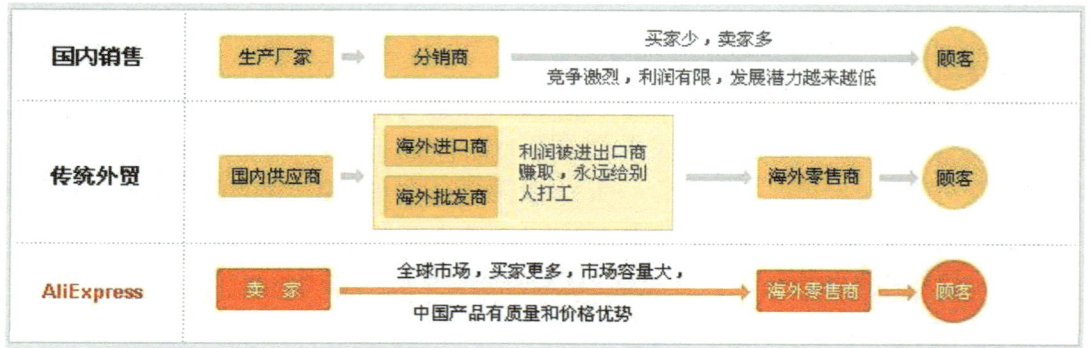

图 1-3　速卖通平台优势

4. 平台劣势

价格竞争激烈、宣传推广费用高（有直通车功能运用竞价排名）；运营政策偏向大卖家和品牌商。早期进入速卖通平台的门槛并不高，导致大量的低端卖家涌入平台，也带来了价格的恶性竞争，给平台带来一些不良的影响。因而速卖通从 2015 年开始转型，从收年费门槛开始引导中国的跨境电商企业向跨境电商品牌化、品质化发展。2017 年，速卖通继续加大了卖家的筛选力度；基本不提供客服服务；买家对于平台的忠诚度不高。

总之，速卖通平台适合商品主推新兴市场（俄罗斯、巴西等）的卖家，以及商品有供应链优势且价格优势明显的卖家，最好是工厂直接销售。贸易商面对小额订单优势不明显。

（四）Wish

1. 平台简介

Wish 是一款根据用户喜好，通过精确的算法推荐技术，将商品信息推送给感兴趣用户的移动优先购物 App。Wish 平台的销售模式是 B2B+B2C 垂直类

Wish 平台介绍

销售。以数据分析起家，主要针对移动端买家，能够根据用户的兴趣推送商品。对广大商家而言，Wish 的核心竞争力在于 Wish 的注册非常方便快捷，商品的上传也简单高效，且专注打造移动用户端。Wish 本身的核心"信息关联"技术，其精准的算法、个性化的推送，能够将用户喜欢的商品展现在 App 移动端。不同用户以及同一用户不同时间在 Wish 平台上登录所看到的界面都是不同的。用户群为 16~30 岁的活力群体，消费频率及购买力强大。

Wish 目前的主要热门产品类目是 3C、母婴、化妆美容及家居类。针对这些热门品类，2015 年，Wish 进行了改革，先是上线了科技电子商品类 Geek App 和母婴类 Mama App，后又推出专门针对"女性经济"的化妆美容类商品的垂直应用 Cute，如今 Wish 已经成为一个全品类的电商平台。

Wish 是新兴的基于 App 的跨境电商平台，主要靠价廉物美吸引客户，在美国市场有非常高的人气，核心品类包括服装、饰品、手机、礼品等，大部分都从中国发货。Wish 平台 97% 的订单量来自移动端，App 日均下载量稳定在 10 万，峰值时冲到 20 万。就目前的移动互联网优势来看，Wish 未来的潜力是非常巨大的。

2. 平台特点

（1）私人定制模式下的销售。Wish 利用智能推送技术，为 App 客户推送他们喜欢的产品，真正做到点对点的推送。Wish 有一个优点是它一次显示的商品数量比较少，通过这样的精准营销，卖家短期内可以获得销售额的爆增。

（2）移动电商未来真正的王者。其实，Wish 最初仅仅是一个收集和管理商品的工具，后来才发展成一个交易平台，并越来越火爆。对于中小零售商来说，Wish 的成功让大家明白移动互联网的真正潜力。

3. 平台优势

良好的本土化支持；上架货品非常简单，主要运用标签进行匹配；利润率非常高，竞争相对公平；精准营销，点对点个性化推送，客户满意率较高；Facebook 引流，营销定位清晰。

4. 平台劣势

商品审核时间过长，短则 2 个星期，长则 2 个月；费用较高，15% 商品成交费用和 1.2% 的提现费用；物流解决方案不够成熟；平台的买卖纠纷规则模糊。

总之，Wish 是一个这几年刚刚兴起的基于 App 的跨境平台，最初仅仅是一个收集和管理商品的工具，主要靠价廉物美吸引客户，在美国市场有非常高的人气和市场追随者，核心的商品品类包括服装、珠宝、手机、礼品等，大部分供应商来自中国，Wish 的主要竞争力就是价格特别便宜，以及精准化营销模式导致客户的满意率非常高，这也是该平台短短几年发展起来的原因。

（五）Lazada

Lazada 于 2012 年成立，总部设在新加坡，是一家自营模式的电商平台（所销售的商品只从本公司仓库出货），2013 年秋季开始转型为开放平台（效仿亚马逊，专注于为小商家和零售商打造销售平台，并完善下单和配送流程），由第三方小商家供货。目前 Lazada 已经有 15000 家入驻商家，现在这些小商家占整个网站销售额的 70% 以上。业务范围覆盖印度尼西亚、马来西亚、菲律宾、新加坡、泰国和越南 6 个东南亚国家，覆盖大约 6 亿消费者。Lazada 是东南亚第一大 B2C 平台，也被称为东南亚版亚马逊平台。Lazada 界面如图 1-4 所示。

图 1-4　Lazada 界面

Lazada 年经营额已达 10 亿美元，日均访问量 400 万，入驻 Lazada 平台的商家数超过 1.5 万。Lazada 的移动端销售业务占到了 50% 以上，包括移动端和网页端等，而移动端下载量最高能达到 30 万次每月。毫无疑问东南亚是继中国、印度之后，亚洲最具有诱惑力的电商市场。东南亚经济迅速崛起，巨大的消费潜力亟待同等水平的供应能力。根据 2015 年数据统计，目前中国的网络零售普及率为 7%，而东南亚只有 1%，且正在快速复制中国电商模式，其中所暗示的需求缺口不言而喻。

（六）敦煌网

敦煌网是国内首个为中小企业提供 B2B 网上交易的网站。它采取佣金制，免注册费，只在买卖双方交易成功后收取费用。作为中小额 B2B 海外电子商务的创新者，敦煌网采用 EDM（电子邮件营销）的营销模式，低成本高效率地拓展海外市场，自建的 DHgate 平台，为海外用户提供商品信息，用户可以自由订阅英文 EDM 商品信息，第一时间了解市场最新供应情况。敦煌网"为成功付费"打破了以往的传统电子商务"会员收费"的经营模式，既减小了企业风险，又节省了企业不必要的开支，同时避开了与 B2B 阿里巴巴、中国制造网、环球资源、环球市场等的竞争。

在敦煌网，买家可以根据卖家提供的信息来生成订单，可以选择直接批量采购，也可以选择先小量购买样品，再大量采购。这种线上小额批发一般使用快递，快递公司一般在一定金额范围内会代理报关。举例来说，敦煌网与 DHL、联邦快递等国际物流巨头保持密切合作，以网络庞大的业务量为基础，可使中小企业的同等物流成本至少下降 50%。一般情况下，这类订单的数量不会太大，有些可以省去报关手续。以普通的数码产品为例，买家一次的订单量在十几个到几十个不等。这种小额交易比较频繁，不像传统的外贸订单，可能半年下一次订单。

三、速卖通基本规则

全球速卖通平台规则（卖家规则）（节选）

基础规则

第二章　交易

第一节　注册

第九条　卖家在速卖通所使用的邮箱不得包含违反国家法律法规、涉嫌侵犯他人权利或干扰全球速卖通运营秩序的相关信息，否则速卖通有权要求卖家更换相关信息。

第十条　卖家在速卖通注册使用的邮箱、联系信息等必须属于卖家授权代表本人，速卖通有权对该邮箱进行验证，否则速卖通有权拒绝提供服务。

第十一条　卖家有义务妥善保管账号的访问权限。账号下（包括但不限于卖家在账号下开设的子账号内的）所有的操作及经营活动均视为卖家的行为。

第十二条　全球速卖通有权终止、收回未通过身份认证或连续一年180天未登录速卖通或TradeManager的账户。

第十三条　用户在全球速卖通的账户因严重违规被关闭，不得再重新注册账户；如被发现重新注册了账号，速卖通有权立即停止服务、关闭卖家账户。

第十四条　速卖通的会员ID在账号注册后由系统自动分配，不可修改。

备注：2017年1月1日起，平台关闭个人账户转为企业账户的申请入口，所有新账户必须以企业身份注册认证。

第二节　认证、准入及开通店铺

第十五条　速卖通平台接受依法注册并正常存续的个体工商户或公司开店，并有权对卖家的主体状态进行核查、认证，包括但不限于委托支付宝进行实名认证。通过支付宝实名认证进行认证的卖家，在对速卖通账号与支付宝账户绑定过程中，应提供真实有效的法定代表人姓名身份信息、联系地址、注册地址、营业执照等信息。

第十六条　若已通过认证，卖家需选择销售计划类型，速卖通有两种销售计划类型：标准销售计划和基础销售计划。一个店铺只能选择一种销售计划类型，标准销售计划和基础销售计划的区别，详见表1-1。

表1-1　标准销售计划和基础销售计划的区别

	标准销售计划（Standard）	基础销售计划（Basic）	备注
店铺的注册主体	企业	个体工商户/企业均可	注册主体为个体工商户的卖家店铺，仅可申请"基础销售计划"，当"基础销售计划"不能满足经营需求时，满足一定条件可申请并转换为"标准销售计划"

续表

	标准销售计划（Standard）	基础销售计划（Basic）	备注
开店数量	不管个体工商户或企业主体，同一注册主体下最多可开6家店铺，每个店铺仅可选择一种销售计划		
年费	年费按经营大类收取，两种销售计划收费标准相同		
商标资质	√	同标准销售计划	
类目服务指标考核	√	同标准销售计划	
年费结算奖励	中途退出：按自然月，返还未使用年费。经营到年底：返还未使用年费，使用的年费根据年底销售额完成情况进行奖励	中途退出：全额返还。经营到年底：全额返还	无论哪种销售计划，若因违规违约关闭账号，年费将不予返还
销售计划是否可转换	一个自然年内不可切换至"基础销售计划"	当"基础销售计划"不能满足经营需求时，且： 1）经营满6个月或以上 2）满足一定条件，可申请"标准销售计划"（无须更换注册主体）	具体升级的要求，关注平台后续通知
功能区别	可发布在线商品数小于等于3000	1. 可发布在线商品数小于等于300 2. 部分类目暂不开放基础销售计划 3. 每月享受3000美元的经营额度（即买家成功支付金额），当月支付金额≥3000美元时，无搜索曝光机会，但店铺内商品展示不受影响；下个自然月月初，搜索曝光恢复	无论何种销售计划，店铺均可正常报名参与平台各营销活动，不受支付金额限制

第十七条 无论选择哪种销售计划，均需根据系统流程完成类目招商准入，此后卖家方可发布商品。卖家（无论是个体工商户还是公司）还应依法设置收款账户。

第十八条 商品发布后，卖家将在平台自动开通店铺，即基于速卖通技术服务、用于展示商品的虚拟空间（"店铺"）。除本规则或其他协议约定外，完成认证的卖家在速卖通可最多开设6个虚拟店铺。店铺不具独立性或可分性，平台提供技术服务，卖家不得就店铺进行转让或任何交易。

第十九条 卖家承诺并保证账号注册及认证为同一主体，认证主体即为速卖通账户的权责承担主体。如卖家使用阿里巴巴集团下其他平台账号（包括但不限于淘宝账号、天猫账号、1688账号等）申请开通类目服务，卖家承诺并保证在速卖通认证的主体与该账号在阿里巴巴集团下其他平台的认证主体一致，否则平台有权立即停止服务、关闭速卖通账号；同时，如卖家使用速卖通账号申请注册或开通阿里巴巴集团下其他平台账号，承诺并保证将使用同一主体在相关平台进行认证或相关登记，否则平台有权立即停止服务、关闭速卖通账号。

第二十条　完成认证的卖家不得在速卖通注册或使用买家账户，如速卖通有合理依据怀疑卖家以任何方式在速卖通注册买家账户，速卖通有权立即关闭买家会员账户，且对卖家依据本规则进行市场管理。情节严重的，速卖通有权立即停止对卖家的服务。

第二十一条　卖家不得以任何方式交易速卖通账号（或其他卖家的权利义务），包括但不限于转让、出租或出借账户。如有相关行为的，卖家应对该账号下的行为承担连带责任，且速卖通有权立即停止服务、关闭该等速卖通账户。

第二十二条　完成认证、入驻的卖家主动退出或被退出速卖通平台、不再经营的，平台将停止卖家账号下的类目服务权限（包括但不限于收回站内信、已完结订单留言功能及店铺首页功能等）、停止店铺访问支持。若卖家在平台停止经营超过一年的（无论账号是否使用），平台有权关闭该账号。

第二十三条　速卖通店铺名和二级域名需要遵守《速卖通二级域名申请及使用规范》，不得包含违反国家法律法规、涉嫌侵犯他人权利或干扰全球速卖通运营秩序等相关信息，否则速卖通有权拒绝卖家使用相关店铺名和二级域名，或经发现后取消店铺名和二级域名。

 操作示范

工作任务1：店铺注册资料准备

小王通过网络资料查找了解到，在速卖通平台注册需要以下资料，并一一准备好：
1. 国际通用邮箱；
2. 企业支付宝账号（已通过企业认证）；
3. 企业营业执照（不超过3MB，支持JPG、JPEG、PNG格式）；
4. 企业法人身份证正反面（不超过3MB，支持JPG、JPEG、PNG格式）；
5. 商标注册证或商标授权书（不超过3MB，支持JPG、JPEG、PNG格式）；
6. 银行开户证明。

工作任务2：商家店铺注册

准备好了上述资料，小王开始进行速卖通店铺注册。

[Step1] 开始注册。

打开速卖通网站www.aliexpress.com，将光标移到"卖家入口"，如图1-5所示，在下拉菜单中选中"卖家频道"选项，单击"立即入驻"按钮进行注册，如图1-6所示。

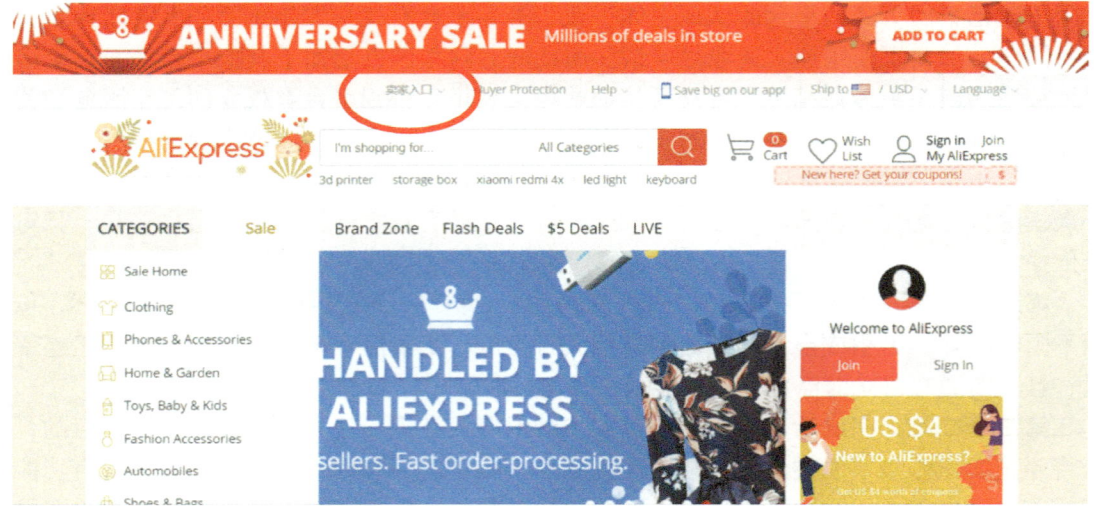

图 1-5 速卖通首页"卖家入口"

图 1-6 速卖通注册入口"立即入驻"

或者直接打开速卖通卖家网页 http://seller.aliexpress.com，如图 1-7 所示，单击"立即入驻"按钮进行注册。

图 1-7 速卖通卖家入驻页面

[Step2] 输入电子邮箱。

在跳转页面中，输入电子邮箱地址和验证码，如图1-8所示，单击"下一步"按钮。

图1-8　设置用户名

[Step3] 验证邮箱。

进入跳转页面，如图1-9所示，登录邮箱，找到速卖通发送的确认邮件，单击"完成注册"按钮，如图1-10所示。如果单击不了，可以复制网页中的链接到浏览器地址栏中完成注册。

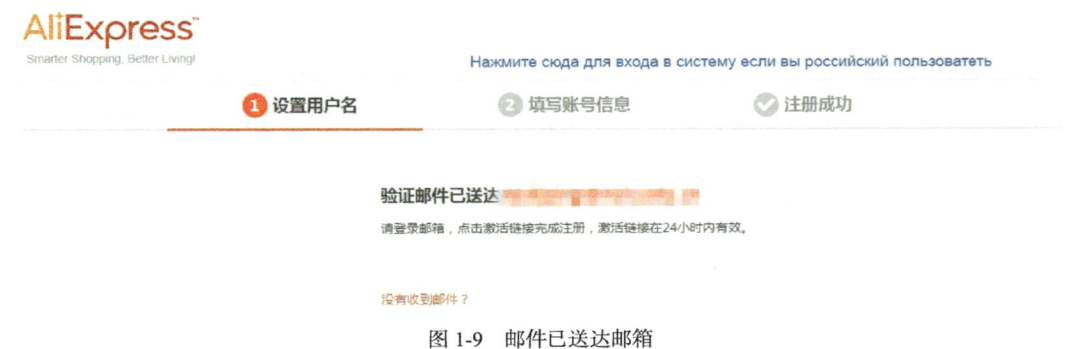

图1-9　邮件已送达邮箱

图1-10　邮箱验证

[Step4] 填写账户信息。

在跳转页面中，如图 1-11 所示，填写登录密码、英文姓名、手机号码、联系地址等账户信息。其中，经营模式有：个人及贸易 SOHO、贸易公司（大于 10 人）、贸易公司（小于 10 人）。根据实际情况选择，选定后不可更改，不过对后续账户的使用没有任何影响。当所有注册信息都填写准确无误后，单击"确认"按钮，进入下一步。

图 1-11　账户信息填写

[Step5] 填写验证码。

完成上一步骤后，速卖通会向所输入的手机号码发送验证码，在跳转页面中输入该验证码，如图 1-12 所示，并单击"确认"按钮，进入下一步。如果没有收到验证码，可单击"重发验证码"按钮，再次发送。

图 1-12　手机验证码填写

工作任务3：进行实名认证

输入验证码成功后，注册也就成功完成了。利用注册的账号可以登录阿里巴巴集团旗下网站：全球速卖通、阿里巴巴国际站、阿里巴巴中文站、淘宝、天猫、阿里云等。但开设店铺还需要进行企业实名认证，如图 1-13 所示。

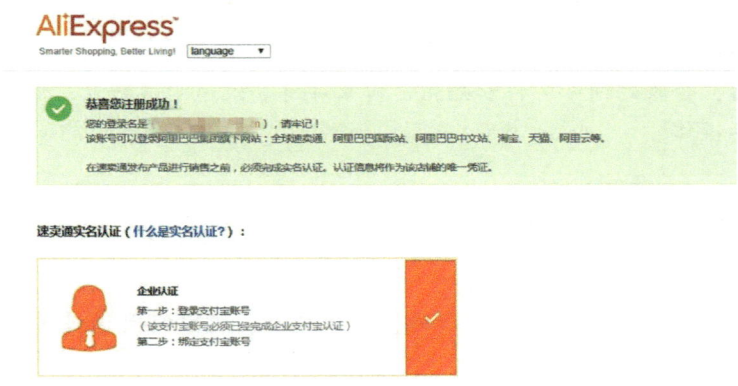

图 1-13　企业实名认证

[Step1] 登录支付宝账号。

单击"企业认证"，登录支付宝账号，如图 1-14 所示，并单击"登录并授权"按钮，如图 1-15 所示。确保该支付宝账号完成企业支付宝认证。

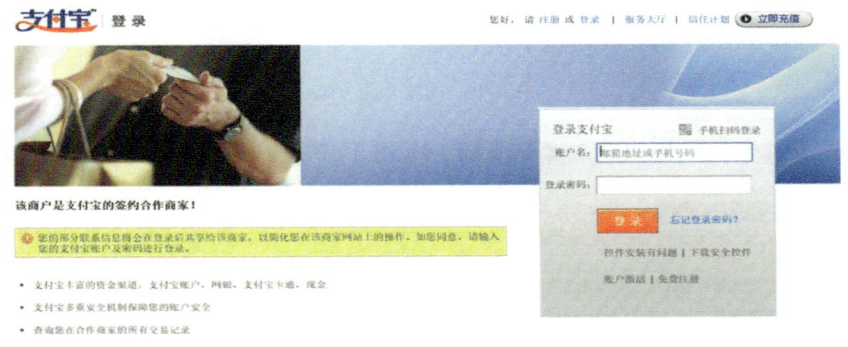

图 1-14　登录支付宝账户

图 1-15　选择登录并授权

[Step2] 上传企业资料。

绑定完成后就到了认证的环节,需要严格根据要求上传企业资料。

[Step3] 等待审核。

资料提交成功后,速卖通一般需要1~2个工作日对材料进行审核。等待审核通过后,进入下一步;如果审核不通过,系统会告知原因,请根据原因检查所提交的企业资料是否有误,特别注意照片是否按照网站要求拍摄,然后再次提交。

[Step4] 审核通过。

审核通过后,会收到通知邮件和短信,卖家即可登录速卖通账号,但此时还不能进入操作后台进行实际操作。

工作任务4:卖家开店考试

[Step1] 进入考试。

为了让新卖家尽快了解与熟悉速卖通,在正式开店之前需要通过考试。资料审核通过后,会出现如图1-16所示页面。

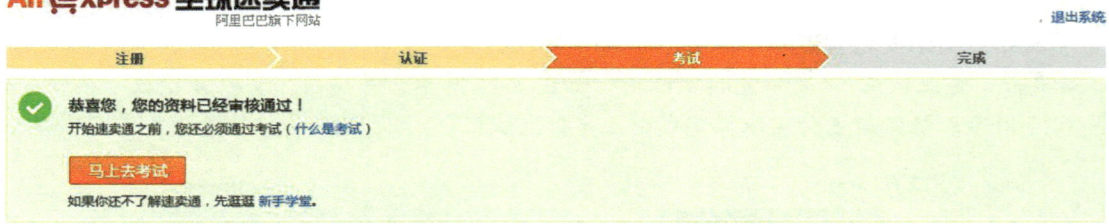

图1-16 卖家开店考试

单击"马上去考试"按钮进入考试页面,如图1-17所示。

图1-17 考试页面

考试的主要内容包括速卖通及操作平台的基本知识、如何发布一个完整商品、国际物流了解与操作、速卖通平台如何做营销、如何通过数据分析提升店铺销量、速卖通平台规则等6个模块。平台针对这6个模块随机抽取50道不定项选择题，90分及以上为合格。成绩合格的卖家方可进入速卖通操作后台进行实际操作，而成绩不合格的卖家可以选择重新抽取试题再次考试。考试为开卷考试，卖家可在考试过程中查阅资料或进行网上搜索。

[Step2] 开启速卖通店铺。

考试通过后，如图1-18所示，在跳转页面单击"进入我的速卖通"按钮，即可开始发布商品，正式开启速卖通店铺运营之旅。

图1-18　考试通过页面

思政园地

全球速卖通可以通过关键词扫描，轻松地收集卖家商品的名称，一旦发现侵权行为，就会给予惩罚。例如，一些卖家可能会在速卖通上添加世界知名品牌，以便在搜索引擎中获得更高的排名。然而，这绝对违反了品牌保护规定，因为这些卖家大多没有得到这些品牌的授权。因此，需要注意的是，卖家不应该上传未经授权的品牌的任何信息，比如商品标题或商品图片；用品牌名称来命名店铺等。

比如，很多国外买家在速卖通前端搜索"baby shoes 宝宝鞋子"时，如果有自己喜欢的品牌，会直接在搜索前端输入该品牌的关键词，如图1-19所示，因此有个别速卖通卖家为了骗取曝光量或者流量，会故意在商品的标题或者商品的详情页面加入比如"adidas"的品牌词。

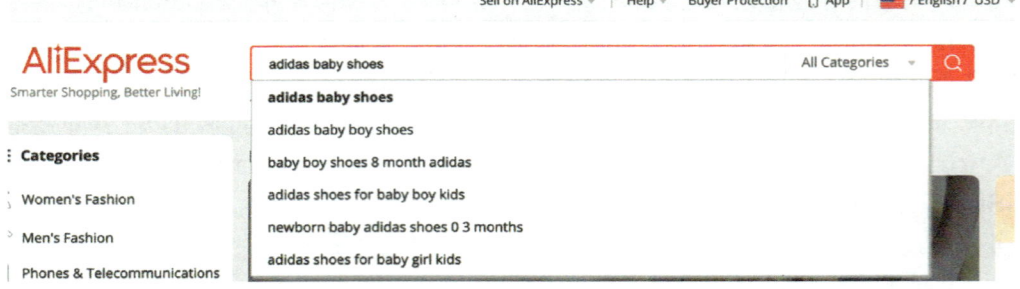

图1-19　买家搜索页

正如在前面的要点中所描述的那样，任何未经授权的品牌名称都不允许与商店名称或商品名称放在一起。此外，商店名称的设置与产品名称不同，通过对比在速卖通上的描述可以清楚地看到这一点。一旦商店名称发生改变，卖家要在6个月以后才可以再次修改店铺名称。这意味着，卖方不被允许在6个月内销售带有非法商店名称的产品。

 想一想

1. 为什么速卖通卖家不能在6个月以内再次修改店铺名称？
2. 速卖通卖家如何获得品牌授权？
3. 卖家如何才能避免品牌侵权？

 # 知识巩固

一、选择题（不定项选择题）

1. 速卖通平台可以接受哪种身份开店？（　　）
   A. 个人　　　　　　　　　　　　B. 企业
   C. 个体工商户　　　　　　　　　D. 小团体

2. 速卖通注册需要完成企业认证，需提供哪些资料？（　　）
   A. 企业营业执照　　　　　　　　B. 银行开户许可证
   C. 法定代表人身份证　　　　　　D. 商标注册证或商标授权书

3. 跨境电商的英文为（　　）。
   A. Cross-border commerce　　　　B. Cross-border trade
   C. Cross-border electronic commerce　　D. Cross-border communication

4. O2O是（　　）的缩写。
   A. Online to Online　　　　　　　B. Online to Offline
   C. Offline to Offline　　　　　　　D. Offline to Online

5. 专注于移动端的跨境电商B2C平台是（　　）。
   A. 速卖通　　　　　　　　　　　B. eBay
   C. Wish　　　　　　　　　　　　D. 亚马逊

二、判断题

1. 在全球速卖通平台开店需要有一个实名认证的企业支付宝账号。（   ）
2. 速卖通用户可以出租、出借、转让其会员账户。（   ）
3. 速卖通有权终止、收回未通过身份认证的且连续一年未登录速卖通或 Trade Manager 的账户。（   ）
4. 因严重违规被关闭的账号不可以再重新注册账户。（   ）
5. 完成认证的卖家不得在速卖通注册或使用买家账户。（   ）
6. 速卖通开店考试有 50 道不定项选择题，满 60 分及格即通过考试。（   ）
7. 2017 年 1 月 1 日起，平台关闭个人账户转为企业账户的申请入口，所有新账户必须以企业身份注册认证。（   ）

操作技能训练

工作项目一

请分组完成速卖通平台注册或在跨境电商软件平台进行速卖通注册流程操作。

工作项目二

假设你是一家玩具公司的跨境电商运营人员，贵公司近期要注册一家玩具类目的速卖通店铺，请分组调研注册该店铺需要什么品牌资料？如何申请品牌？

跨境数据选品

 项目目标

知识目标
※ 了解跨境选品的思路和方法。
※ 掌握跨境行业（类目）的分析方法。
※ 掌握跨境蓝海产品的挖掘办法。

能力目标
※ 能够运用数据工具分析蓝海（行业）市场。
※ 能够挖掘合适的蓝海产品。
※ 能够使用选品工具。

思政与素质目标
※ 培养学生的团队合作意识。
※ 培养学生的吃苦耐劳和认真负责的工匠精神。
※ 培养学生的诚信意识和实事求是的工作态度。
※ 培养学生的数据分析素养。

 **项目导入**

　　浙江致远电子商务有限公司（简称致远公司）是一家以跨境电商业务为主的电子商务公司，成立于 2017 年 9 月份，目前主营的平台有 Wish 和亚马逊。

　　公司在 2020 年 2 月份新开了一家速卖通店铺，运营的是家具与家居类目，如图 2-1 所示。店铺陆续上传了很多商品，运营人员每天都会持续上传新品，但是店铺的曝光、点击量等数据还是不见增长。因此致远公司的跨境电商部门经理给运营人员小王布置了最新的任务，要通过对蓝海（行业）市场进行分析，运用数据化的选品工具进行选品，找到适合店铺的家具与家居类目的蓝海产品。

图 2-1　店铺类目类型

 **项目分析**

跨境电商的选品是一个卖家测试市场的前期过程，也是卖家在不断试错和试对的过程。首先卖家需要结合自己的货源优势分析跨境的行业（子行业），其次要学会在众多的商品中挖掘出相对差异化的、优质的蓝海商品，最后应借助一两款选品工具，从数据化的角度找到合适的产品。

运营专员小王有如下主要任务。

任务一：分析蓝海行业（类目）

分析速卖通蓝海行业（类目），为速卖通店铺找到相对合适的蓝海行业。

任务二：蓝海商品挖掘

通过市场分析挖掘符合店铺定位的蓝海商品，提高新店铺的商品曝光率。

任务三：选品工具分析

通过对站内选品工具或者站外选品工具的选择运用，学会使用适合店铺的选品工具。

 **知识导入**

一、利基市场与大众市场

利基市场（Niche Market），也就是相对比较小众的市场，或者叫缝隙市场、细分市场、蓝海市场等。一般对于小卖家来说，对于市场上的所谓的爆款应该去规避而不是追逐，比如指尖陀螺、慢回弹减压玩具等。一般利基市场最大特点就是竞争相对比较小，利润空间足，容易上首页打造 Best Seller，但是整个市场空间可能小。

大众市场（Mass Market）也叫红海市场，这种市场的特点就是竞争比较激烈，利润没有利基市场大，可能很多热销爆款产品其目的都是冲量，造成利润普遍低下，但是市场空间大。

二、蓝海与红海

（一）蓝海与红海

可以把整个跨境电商市场当作一片海洋，这片海洋由红海和蓝海组成。红海代表现今已存在的所有产业，是已知的市场；蓝海则代表还未存在的产业市场，即未知的市场。

蓝海与红海是相对的概念，而且也是处在不断变化过程中的。目前人们普遍认为蓝海行业在任何时候都是存在的，卖家要善于去挖掘红海行业或者商品中的"蓝海"机会，蓝海商品往往是在对某个行业的细分中衍生出来的，不要刻意去追求所谓的蓝海。就如前几年的"指尖陀螺"就符合"蓝海"商品的定位，它的兴起源于视频平台，兴盛于电商平台，因此挖掘出蓝海商品的前提是要对某一个行业绝对熟悉并且对细分类目有清晰的理解，才能为蓝海商品兴起的刹那间把握先机。

备注：速卖通后台前几年的"行业情报"中也对"蓝海"选品有专门的板块，现在后台取消了"蓝海"选品这一板块。

（二）红海市场分析

跨境电商的红海市场是指竞争比较激烈、卖家比较多的行业或者类目，以速卖通平台为例，比如鞋子、衣服、箱包这些比较成熟的行业，已经有很多的卖家（竞争对手），这些都是指相对的红海市场。

对于初试水跨境电商的创业者而言，刚刚进入一个平台，应当尽可能避开红海市场，因为红海市场相对于蓝海市场而言，竞争过于激烈和残酷，对于跨境电商经验和资金不足的初创者而言，不是一个理想的选择。所以对初创者来说，如果可以成功避开红海市场，投入到蓝海市场的怀抱，那么已经是成功了一半。

想一想

1. 速卖通哪些类目是相对的蓝海行业（类目）？
2. 如何判定蓝海与红海？

三、跨境电商选品的策略

（一）选品的角度分析

1. 商品的角度

（1）差异化的商品。选择的爆款一定要有自己的特色，如果选择市场同质化非常严重的产品，价格竞争非常大，而且很多竞争对手都有一定的销量和评价积累，我们很难将其打造成爆款。如图 2-2 所示的木质算盘（Wooden Abacus），在速卖通前端的算盘同质化已非常严重，卖家销售的基本上都是差不多的商品，而且销售价格压得也很低，这样的选品就不建议卖家进入。

热搜属性的数据分析

图 2-2　木质算盘

（2）优质商品。爆款在销售的过程中，评价对于商品的搜索排序和客户下单转化起着至关重要的作用，而且纠纷率对类目影响也非常大，所以一定要选择质量比较优质的商品，才能持续提升的竞争力。

（3）快时尚的商品。爆款尽量选择买家搜索比较多、当下比较流行、市场主推的商品。

（4）品牌商品。目前跨境电商品牌化的时代已经到来，所以要选择有品牌的商品去进行推广。

2. 货源的角度

（1）库存充足。爆款的订单量会比较大，要把握好商品的库存。

（2）颜色、尺码、规格要齐全，尽量满足客户的需求。

（3）提供免费样品。当选定一款商品时可以跟供应商沟通，争取获得一些免费样品支持，可以前期做一些达人营销以积累好评，更有助于店铺打造爆款。

3. 市场的角度

（1）平台热销的商品。可以选取平台热销的类似商品，但是切记不要打价格战，尽量做一些差异化商品。

（2）搜索关键词。可以通过后台的关键词分析筛选出买家热搜的词汇。

（3）其他平台热卖商品。比如可以参考亚马逊平台的热销款作为选品的思路拓展。以亚马逊平台的卫浴产品为例，在买家前端搜索"bathroom 4-pieces set"（卫浴四件套），会看到如图 2-3 的热销款，那么这些就可以成为我们在速卖通后台销售产品的选品思路参考。

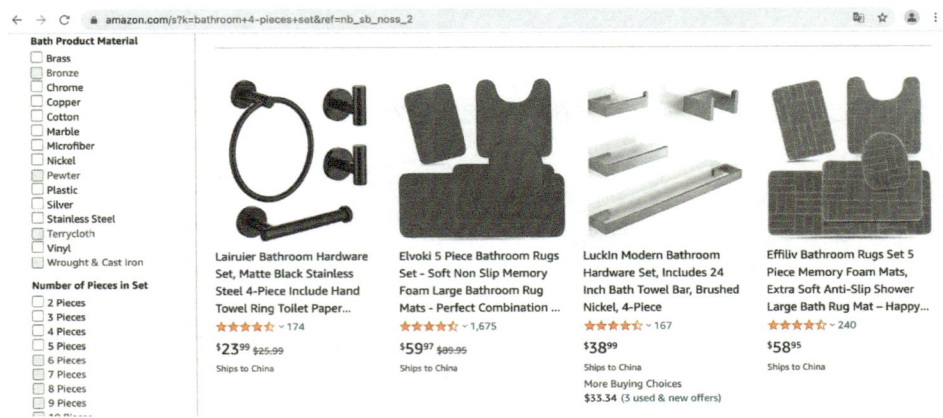

图 2-3　亚马逊的卫浴四件套商品

（二）跨境选品的思路

对于速卖通店铺而言，选品是至关重要的环节，选品是否符合市场需求和店铺定位直接决定店铺的流量和成交转化率。选品的思路主要有以下三个方面。

1. 找到适合商品的市场

传统外贸厂家转型做跨境电商时常会采用这一思路。这些外贸厂家的商品本就是针对国际市场的，因此相对国内货源来说，他们的商品更加符合国外客户的偏好，而且这些厂家在发展运营中也积累了一批长期合作的老客户。因此，相比其他类型的跨境电商，这些传统外贸工厂一般不用担心库存的问题，可以直接将产品放到速卖通平台上。

同时，这些卖家还可以根据在速卖通平台上的相关交易数据，精准定位出单量最多的国家和客户群体，从而对最适合自己的商品的市场进行长期的深耕和维护；另外，这类卖家还可以借助自己的供应链优势，在速卖通平台上发展"高定"（高级定制的简称）和批发。

2. 找到适合市场的商品

通过对目标市场和客户群体的具体情况进行分析，寻找出最适合的商品。比如，俄罗斯轻工业不发达，服装消费在很大程度上依赖进口。若以俄罗斯为目标市场，则可以针对不同年龄阶层人群的服装偏好进行分析，以此选出受到当地市场青睐的商品，从而大大提高店铺商品的转化率。

因此，选品就是围绕目标市场客户，根据他们的喜好和需求选择商品品类。就像饮食一样，不同地方的人总有不同偏好，卖家要做的就是根据目标客户的喜好选择售卖的商品。同时，为了更好地精准地了解目标市场的消费需求，卖家最好能利用当地的一些网站去获取更多的市场信息，如该地区的热销款商品，或者被很多客户收藏的商品品类，从而使自己的选品更加符合当地的市场需求。

3. 跟卖

跟卖就是看市场上什么样的商品品类最受欢迎，就在店铺上架相同的商品，与其他卖家争夺流量。热卖商品的市场较大，因此跟卖对提升店铺流量会有一定助益，不过这是一种"取巧"的选品方式。

如果卖家想要做大做强品牌，还是应该根据热门品类的属性、目标市场客户的特质进行深度选品分析，以借助于差异化策略规避热门品类激烈的竞争，打造自身店铺的特色商品和品牌，有效吸引客户的注意力。

 想一想

1. "跟卖"这种选品思路有没有存在不对的地方？
2. 跟卖商品会存在什么风险？

四、跨境电商选品的方法

（一）站内选品

选品专家

这一方法的优点是卖家容易发现爆款、引流款、平台活动款等对目标客户具有较强吸引力的商品品类，从而使店铺在初期运营时能有效获取流量；不足之处是加剧了平台中商品同质化严重的现象，使小卖家店铺的成长空间被大卖家严重挤压，从而影响了店铺的整体效益，弱化了店铺的定位效应。

比如做服装类目的卖家，可以参考速卖通站内的选品，如速卖通前端的 Flash Deals 模块（图 2-4）。参考别的卖家热卖的服装有哪些款式，也可以了解国外买家的喜好。

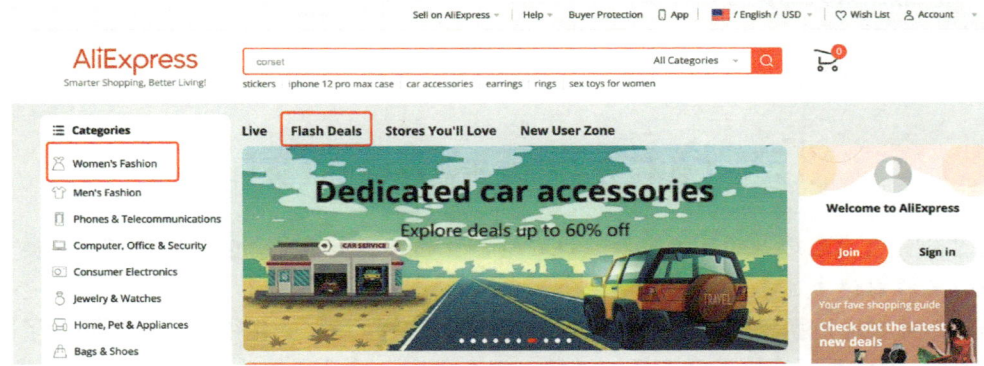

图 2-4　速卖通的 Flash Deals

（二）专业货源地选品

专业货源地选品与常规的店铺选品具有一些共性，它也结合店铺的定位和市场的货源进行选品。不过对跨境电商商家而言，这种选品方式对资金的要求比较高，而且难以自由控制库存。

（三）工厂选品

与专业货源地市场选品相比，合作意向工厂选品更具有针对性，能够根据店铺的定位预订商品。但与专业货源地选品一样，这种选品方式也对资金有比较高的要求。

亚马逊平台的工厂选品

相比较于速卖通平台，卖家在亚马逊平台销售商品，更多的跨境选品思路是倾向于工厂选品思路。很多工厂型的卖家从传统的贸易转型到跨境 B2C 平台上销售，那卖家就会从自己工厂的货源里面挑选适合在跨境平台上面销售的商品，如图 2-5 所示。当然，工厂选品的思路有货源和利润的优势，但是卖家的选品思路也会局限于自己工厂的商品，就很难拓宽自己的选品思路。

图 2-5　工厂选品

想一想

1. 这三种选品方式各自的优缺点是什么？
2. 工厂选品最大的优势是什么？

操作示范

工作任务1：分析蓝海行业（类目）

通过分析速卖通平台的蓝海市场，找到适合自己在速卖通平台尝试的蓝海行业类目（下面的操作流程以速卖通平台为例演示）。

备注：速卖通这两年后台的行业情报、蓝海行业这些数据变化很大，已经删除了以前的"选品专家"这些用于选择蓝海市场的模块。下面以速卖通后台新的"市场大盘"进行演示。

[Step1] 进入市场大盘。

进入速卖通后台，打开"生意参谋"—"市场大盘"页面（图2-6）。这里时间可以选择7天或者30天，类目可以根据大类目、子类目去进行对应的选择，国家也可以根据具体的国家去选择，或者只是简单地选择"全部国家"。卖家就可以看到具体的访客指数、供需指数、客单价等数据，给选品提供思路。

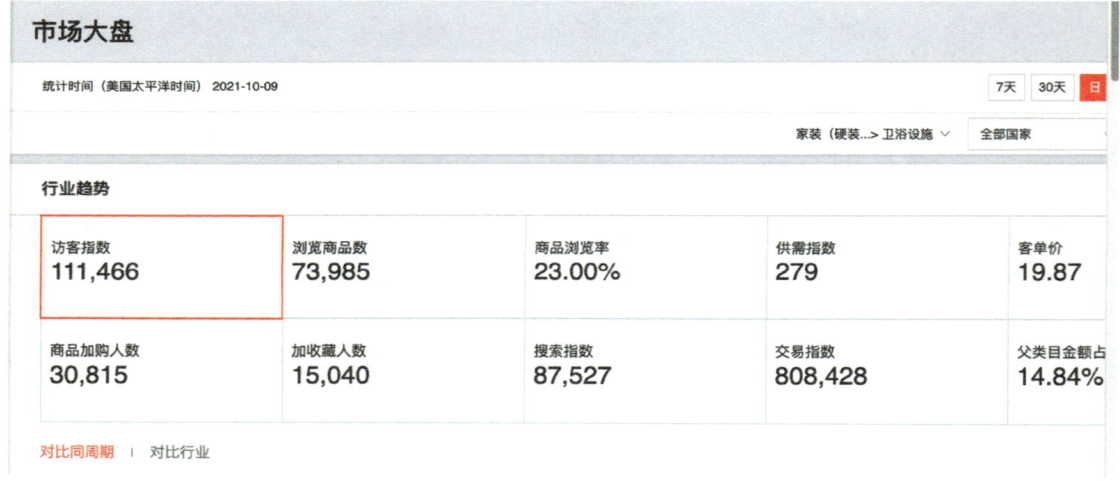

图2-6　市场大盘

[Step2] 选择具体的蓝海行业。

该速卖通店铺经过前期的市场调研和站内同行业分析，选择了"卫浴设施"和"厨房设施"这两个行业，现在还在犹豫到底进入哪个行业去发展。那么就可以通过"市场大盘"的数据去进行客观的对比，如图2-7和图2-8所示。

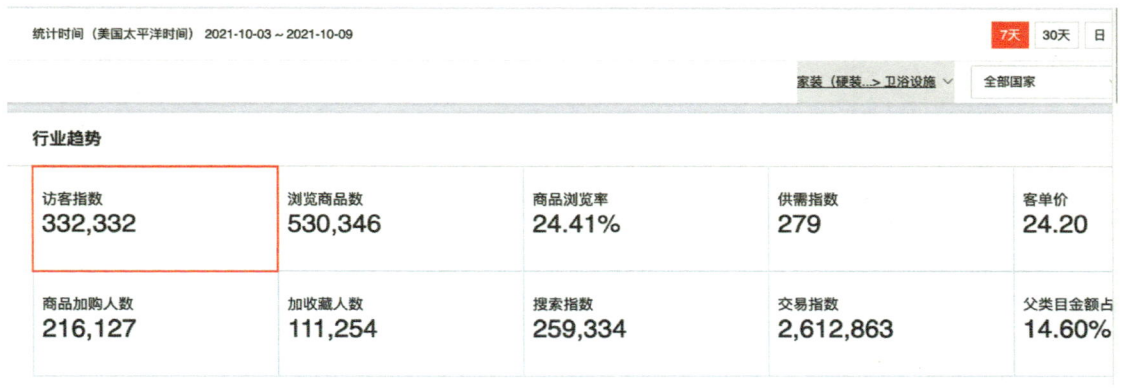

图 2-7　市场大盘 - 卫浴设施

图 2-8　市场大盘 - 厨房设施

[Step3] 行业对比。

通过上面"卫浴设施"和"厨房设施"的市场大盘的数据对比（7 天内数据），可以明显地发现前者的数据远远比后者要高，卫浴设施的访客指数（7 天内）是 332 332，而厨房设施的访客指数（7 天内）是 171 534，前者的访客指数几乎是后者的两倍，说明前者的流量、访客、需求稍微大一点，后者的需求稍微小一点，因此卖家可以根据这些基础的客观数据选择相应的蓝海行业。

工作任务 2：蓝海商品挖掘

速卖通上的商品数相对成熟的网站（如淘宝）来说还很少，按照常理，大家选择的都是一些热门的商品，大量长尾的商品被卖家忽视。但这些没有人发布的商品并不意味着没有买家需求，只要选出那些搜索量大、竞争程度小的行业和商品，发现新的商机，自然不缺订单。可以结合数据纵横的数据，用逆向思维去发掘蓝海市场商机（下面的操作流程以速卖通平台为例演示）。

[Step1]

打开"生意参谋"——"市场大盘"，通过类目和时间选择，可以查询一级类目下不同子类目的数据情况，如图 2-9 所示。

排名	行业	搜索指数	交易指数	在线商家占比	供需指数
1	Hardware 较前1日	138,910 +4.45%	1,154,417 -5.31%	62.73% -0.02%	426 +5.00%
2	Electrical Equipment & Supplies 较前1日	136,612 +2.82%	1,383,628 -11.66%	53.18% -0.02%	465 +2.99%
3	Bathroom Fixture 较前1日	87,527 +6.53%	808,428 -6.72%	52.39% +0.06%	279 +7.41%
4	Plumbing 较前1日	57,720 +3.65%	479,353 +0.28%	32.14% -0.03%	236 +4.22%
5	Painting Supplies & Wall Treatments 较前1日	53,083 +5.79%	325,378 +5.81%	25.21% +0.04%	250 +6.58%
6	Kitchen Fixture 较前1日	46,135 +7.21%	366,227 -16.26%	35.05% +0.03%	171 +8.32%

图 2-9　行业情报

[Step2]

打开"市场大盘"，分析市场的行业数据。市场大盘数据包括搜索指数、交易指数、在线商家比、供需指数等。如图 2-10 所示，以"卫浴五金件"为例，进入该子类目，分析里面具体商品的市场数据，包括皂碟、毛巾环、毛巾架等。

图 2-10　举例分析 - 卫浴五金件

[Step3]

如图 2-11 所示，可以看到 Liquid Soap Dispensers（液体皂液器）的搜索指数是 32 292，而相对来讲，Soap Dishes（皂碟）的搜索指数是 15 128。但是皂碟的供需指数只有 86，说明这个市场还没有饱和，还是有一定的市场空间的。建议卖家根据自己商品的实际情况进行分析，把要选择的蓝海商品所需要的数据记录下来，在 Excel 表格里面深入分析这些核心数据，找到市场没有那么饱和而同时搜索指数还不错的蓝海商品。

排名	行业	搜索指数	交易指数	在线商家占比	供需指数
1	Bathroom Shelves 较前1日	35,218 +6.96%	168,616 +1.94%	22.91% +0.09%	165 +8.14%
2	Liquid Soap Dispensers 较前1日	32,292 +7.89%	211,201 +2.13%	23.63% +0.08%	147 +9.02%
3	Paper Holders 较前1日	28,568 +10.45%	149,835 +9.83%	24.91% +0.08%	122 +12.17%
4	Bath Hardware Sets 较前1日	27,204 +7.50%	173,863 +8.03%	8.54% 0.00%	235 +8.53%
5	Robe Hooks 较前1日	22,254 +8.75%	86,314 -4.12%	16.10% +0.19%	122 +9.90%
6	Towel Racks 较前1日	20,466 +8.23%	85,249 -30.81%	15.96% 0.00%	111 +9.51%
7	Soap Dishes	15,128	55,314	13.93%	86

图 2-11　对比具体的商品

工作任务 3：选品工具分析

跨境电商的选品工具有很多，现在卖家基本上是参考第三方的数据软件，比如卖家精灵、数魔等进行数据选品。

而通过"生意参谋"—"市场"—"选品专家"进行选品是比较基础的速卖通选品方式，卖家只能做一个大概的参考。具体的选品工具还是要结合第三方的数据软件去挖掘。以下是"选品专家"的具体操作流程和步骤。

[Step1]

登录店铺后台，打开"生意参谋"界面，再选择"市场"选项，然后选择"选品专家"选项，单击"热销"按钮，可以查看产品 Top 热销商品词（图 2-12）。行业选择"卫浴设施"，国家选择"全部"，时间选择"最近 30 天"。

行业下是热销国家最近一段时间内热销的品类，圆圈越大，表示销量越高。颜色代表竞争情况，颜色越红，表示竞争越激烈；颜色越蓝，表示竞争越小。

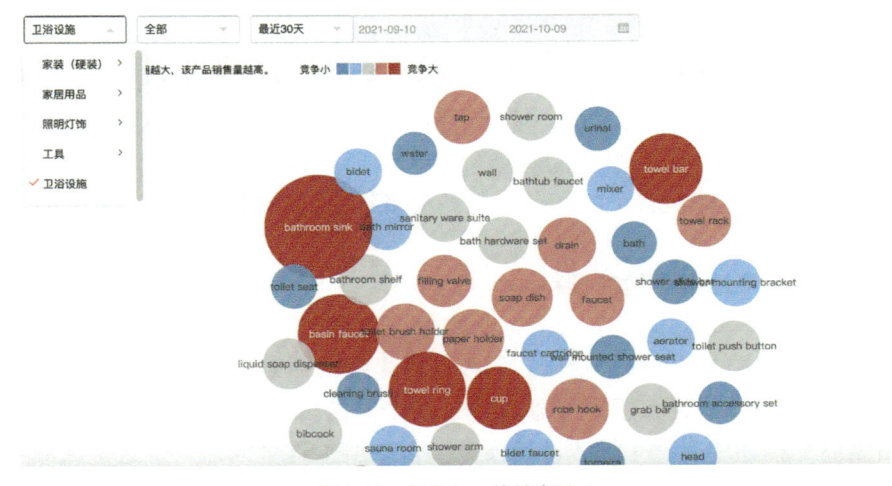

图 2-12　行业 Top 热销商品 1

[Step2]

在"选品专家"的具体图表里面,可以看到各种不同的圆圈。如图 2-13 所示,单击相关圆圈,比如左边最红的 Bathroom sink,颜色深说明竞争比较大;而旁边颜色稍微淡一点的 Paper holder、Soap dish 等,说明竞争目前不是特别白热化,还是有一定的市场空间的;而中间蓝色的 bath mirror 等,说明目前相对还是属于蓝海的,没有太多的卖家进驻。

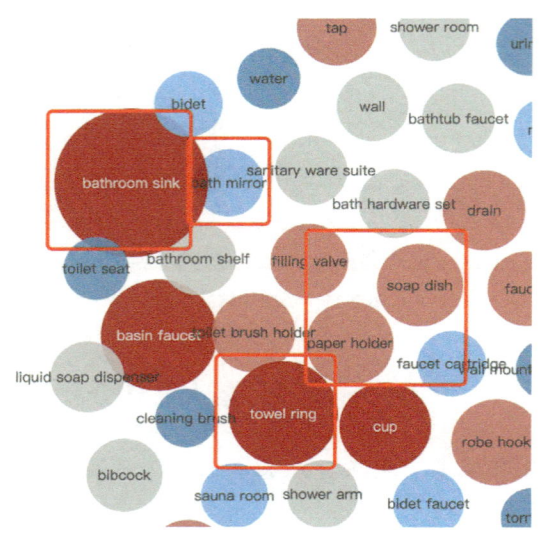

图 2-13 行业 Top 热销商品 2

思政园地

2018 年年底,杭州一家中型电商公司的创始人何平突然收到一封邮件:"我们邀请你成为我们的供货商,与我们的自营品牌合作。"邮件来自亚马逊美国总部,他们看中了她销量很高的一款汽车配饰。邮件提到的合作条件,相比于当时她自己销售和运营的利润率大幅降低。

她看完邮件后很快选择拒绝这个邀约,原因很简单,"我不想把利润拱手交给亚马逊"。何平的父辈就在浙江经营家具代工厂,她知道传统代工业务的弊端,也知道中国制造该如何升级。"没有自己的品牌,无法享受品牌溢价,辛苦到头却需要依赖上游企业,定价权也不在自己手中。"而亚马逊此次看上的商品在她经营多年后已经初见成效。她想留住这个品牌,并且把它做大。

但接下来发生的事情出乎她的预料。

就在正式拒绝亚马逊的邀约 6 天后,坐在办公室的她突然听到屋外负责运营员工的喊声:这款被亚马逊看中的配饰被平台以"侵权"为由强行下架。

何平立刻开始联系客服和招商经理。经过一个月的低效邮件往来后,她发现,亚马逊给出的理由是商品描述中有一个词语涉嫌侵权,但事实上这个词语只是这个商品对应的英文单词。

"它说你侵权你就侵权，"她说，"最终我们花了一个月的时间证明这个词是中性的，但已经晚了。"这款商品已从排名第一跌落到百名之后。她将这个经历理解为"拒绝亚马逊的代价"，认为这是亚马逊给她的一个警告。

想一想

1. 什么是亚马逊自营品牌？
2. 案例中这家公司到底有没有侵权？

知识巩固

一、选择题

1. 卖家哪些服务能力会影响产品排名？（　　）
   A. 好评情况
   B. 卖家服务响应能力
   C. 订单执行能力
   D. 纠纷、退款情况

2. 平台活动的选品原则包括哪些内容？（　　）
   A. 报名折扣符合活动要求
   B. 商品好评率
   C. 商品转化率
   D. 近期产品的出单数量

3. 市场大盘中的数据可以选择哪些时间段？（　　）
   A. 90 天
   B. 14 天
   C. 30 天
   D. 7 天

4. 单个商品可以从哪几个维度来进行数据分析？（　　）
   A. 流量来源
   B. 转化分析
   C. 成交分析
   D. 访客行为分析

5. 选品和定价应该关注哪些数据？（　　）
   A. 通过买家地域数据指标关注买家来自哪些国家，不同国家的买家需求是怎样的
   B. 通过商铺分析查询自己店铺的流量数据，关注热卖商品
   C. 数据纵横中的行业情报可以帮助卖家选择商品线及这个商品线的行业趋势，具体需关注：上架商品数、竞争力、成交率判断等
   D. 通过"数据纵横"——"选品专家"关注买家使用了什么搜索词、搜索次数、成交价以

及目标市场的零售价来选品和定价

二、判断题

1. 选择跨境物流渠道需要根据目的地、货物重量、货物的性质、对货物的时效要求、清关要求等进行选择。（　　）

2. 可以通过行业Top热搜属性了解某个品类下热搜的属性。（　　）

3. 买家可以浏览、单击、购买自己选购的商品。连线越粗，商品与商品间的关联越弱。（　　）

4. 行业下热销国家最近一段时间内热销的品类，圆圈越大，表示销量越高。颜色代表竞争情况，颜色越红，表示竞争越激烈；颜色越蓝，表示竞争越小。（　　）

5. 蓝海商品线就是那些卖家数量少，商品数量少竞争还不激烈的产品线。（　　）

6. 通过数据纵横可以查询行业的流量占比、订单占比、竞争力、上架商品数、平均成交单价、买家国家分布，最细可以了解到某个子类目的行业趋势。（　　）

操作技能训练

工作项目一

如果你在速卖通平台上经营一家家居类目的店铺，请结合平台的热销商品为店铺进行商品定位，通过爆款、引流款和利润款的定位，优化店铺的商品布局。

工作项目二

请分组分析家装这个类目，选出相对比较蓝海的二级子类目。

项目三

跨境商品发布

项目目标

知识目标
※ 了解商品的属性设置要求。
※ 了解商品的自定义属性设置要求。
※ 掌握商品发布的步骤。
※ 掌握商品上传各参数的设置要求。

能力目标
※ 能初步根据商品制作高质量的商品标题。
※ 能初步根据平台要求选择符合要求的商品图片。
※ 能根据平台要求完成商品发布。

思政与素质目标
※ 培养学生的诚信精神和基本的职业道德。
※ 培养学生细心、耐心、精心的工匠精神。
※ 培养学生知识产权保护意识。

项目导入

浙江致远电子商务有限公司刚刚在速卖通平台注册完成了卫浴商品的店铺，并且完成了前期的市场选品工作。运营人员小王接下来需要在店铺里面上传相关的卫浴商品。

项目分析

跨境电商店铺商品发布对于一家店铺是极其重要的，店铺销售的是什么样的商品，相关商品的价格、样式、折扣、跨境运输等信息都需要通过商品发布传达给消费者。商品上传得越准确、完整度越高，越能给消费者高品质的购买体验，同时也会减少后期纠纷的产生。该项目以 B2C 平台速卖通店铺的商品发布流程为例，小王需要去了解商品发布过程中平台的各项要求和相关规则，完成相关的任务。

小王的主要任务是：

工作任务：一款具体商品的发布（上传）步骤

熟悉、了解并掌握速卖通平台商品发布的步骤，比如：自定义属性的设置、标题的制作、价格的设置、运费模板的设置等。

自定义属性的制作

知识导入

商品发布是速卖通店铺运营过程中非常重要的一个环节，商品相关的信息基本上是通过这个环节传达给国外买家的。

一、基本信息

商品发布过程中基本信息模块的内容涉及商品标题、类目、商品图片、营销图片、商品视频、商品属性。

（一）商品标题

商品标题是消费者搜索到店铺商品并吸引消费者单击进入商品详情页面的重要因素，所以优质的标题设置能提升店铺的曝光度和浏览量。速卖通的商品标题最多可以有 128 个字符，优质的标题字数不应太多，要尽量准确、完整、简洁，利于买家搜索，同时标题中要包含商品的名称、核心词和重要属性，如图 3-1 所示。但是标题也不能过短，这样不利于搜索覆盖。例如，如果商品是"running shoes"，标题只有这个词，用户只有搜索这个词才能看到商品，搜其他的就找不到这个商品。

优质商品标题的制作

一般速卖通产品的标题需遵循这样的格式：**品牌词 + 核心词（必填）+ 属性词（必填）+ 流量词（可多个）**。核心关键词一定要放在靠前面的位置。那如何确定标题中的这三种词汇呢？选择好热搜词之后，选取自家产品的类目，去掉品牌词、小语种词、和商品不相关的词，按成交指数排序，最后分析出核心词、属性词和流量词。有时属性词也可以作为选品参考，关键词可以是"属性词 + 关键词"的形式，但最多只能出现 2 次。此外，单词一定要拼写正确，否则用户无法搜索到你的标题。

图 3-1　商品标题（1）

标题的设置也可以是品牌名（如果品牌有一定的知名度更需要加上）+属性（如材质、特点、颜色、分割等）+商品型号（类型）销售方式+商品材质/特点等，示例如图 3-2 所示。

图 3-2　商品标题（2）

此外也可以在标题中加入一些小语种的关键词、引流词，比如在商品毛巾架的标题中加入 il portasciugamano（意大利语）。需要注意的是商品标题中尽量不要出现"free shipping"字样，一方面它对搜索曝光没有提升，另一方面如果未能履行，会受到相应处罚。此外，不要在标题中罗列、堆砌相同意思的词，否则会被判定为标题堆砌，会受到搜索排名靠后处罚。同时商家也可以用一些小技巧来加强标题的可视化效果，比如标题的单词不要全小写，核心商品词、属性词等首字母尽量用大写甚至重要词可以全部大写。另外，标题中的空格和 +、-、#、& 等字符都只算一个字符。用一些字符可突出标题关键词帮助用户快速定位，比如商家甚至可以用【】来突出某个核心词。

如何利用关键词优化商品

当然标题的设置技巧见仁见智，但是总体而言还是需要结合本类目消费者的搜索习惯进行设置的，同时还要找到适合本店铺商品的标题格式。

（二）商品图片

商品的图片能够全方位、多角度地展示商家的商品，让消费者对商家的商品有更直观的认识，极大提升消费者对商品的兴趣。因此商家在上传商品图片时尽量上传从不同角度拍摄的图片，以呈现商品的整体效果。商品图片最多能上传 6 张图片，图片的横纵比例要求 1∶1（像素≥800×800）或 3∶4（像素≥750×1000），所有图片比例一致，5MB 以内的 JPG、JPEG、PNG 格式。商品主题所占比例建议大于 70%，风格统一，不建议添加促销文字或者标签。商家拍摄完图片后最好能保留原图和调好色的大尺寸图片，以备不时之需或者被其他卖家盗图时便于维权。同时，需要注意切勿盗图、涉嫌禁限售或侵犯他人知识产权，也不能出现敏感类目；违禁商品；政治敏感、宗教敏感等商品信息，以免受网规处罚，具体可参考商品图片发布规则与图片盗用规则。

在上传商品图片时，商家可以一次性地将商品所有图片拖动至图片框批量上传，也可以在已有的图片库里直接选择图片。此外，商品图片上传成功后，将光标移动到图片上方会浮现出小铅笔，如图 3-3 所示，单击小铅笔会打开图片编辑器，可在线进行图片的裁切、抠图、旋转、镜像操作等，处理完确认即可。

图 3-3　商品图片在线处理

速卖通后台升级后，还出现了营销图模块，上传符合规范的营销图将有机会展示在搜索、推荐、频道等商品导购场景。营销图背景需纯白色或全透明的，如图 3-4 所示，图片尺寸不小于 800px×800px，正方形宽高比 1∶1，JPG、JPEG、PNG 格式都可以，图片大小不超过 5MB。

图 3-4　正确营销图示例

商品视频模块拍摄时要求比例为 1∶1、3∶4 或 9∶16，时长 30 秒内，大小 2GB 内，内容含商品主体，非 PPT、无黑边、无水印、无中文等。拍摄完成后直接上传即可。特别要注意，不论是商品图片、营销图还是视频，都不要侵犯其他商家的合法权益，商品的图片、视频信息中不要出现侵权行为。

（三）产品属性

产品属性是消费者选择产品*的重要依据，详细、准确的产品自定义属性能让消费者全面了解产品，从而提高沟通的效率，影响消费者的购买意愿，减少后续纠纷的阐述。而自定义属性的填写可以补充系统属性以外的信息，让消费者对产品有进一步的了解，也能提高产品的曝光和搜索，如图 3-5 所示。

---

* 本书产品、商品不作统一。

项目三　跨境商品发布

图 3-5　产品属性

除"部分类目"外,新发商品必须选择商品所对应的品牌。若不选择品牌或者选择"NONE(AE存量)",如图3-6所示,则商品将发布不成功。如果发布的商品品牌在下拉列表中没有或者不能搜索出来,则需要先添加商标,然后申请商标资质。如果要申请自己的商标,则需要进行在线商标申请。商家一定要正确选择品牌和型号名称,错选商品的品牌或者型号将会被反作弊系统判定为问题商品受到相应的处罚。

图 3-6　商品品牌

材质根据商品的实际情况进行选择,选项中如果没有要选择的内容,可以在文本框内自行填写准确信息。

其他项目根据商品的具体情况进行填写。其中需要注意商家的商品应根据实际情况填写认证信息,没有经过认证的则勾选"NONE",如果经过一种或一种以上认证的则需把所有认证都勾选起来,很多国外的消费者对经过认证的商品品质有更高的认可度,如图3-7所示。

图 3-7　产品属性示例

自定义属性是针对商品一些前面模块没有罗列出来的内容加以补充,根据商品的情况自行填写,如图3-8所示。自定义属性可以参考商品详情里面的 specification,或者商品的规格说明书等。卖家除了完善自定义属性之外,可以将需要推广的关键词,通过自定义属性的隐性埋词,来增加关键词在页面中的出现频率从而增加关键词密度,进而影响速卖通的排名机制。

图 3-8　商品自定义属性示例

二、价格与库存

商品发布过程中价格与库存模块涉及必填的内容有最小计量单位、销售方式，而颜色、发货地、批发价根据商家意愿及商品情况选填。

（一）最小计量单位

最小计量单位按照商品实际情况，选择件、箱、打、桶、袋等，合适的即可。

（二）销售方式

商品的售后方式可以按照件出售或者按照打包出售，如果按照打包出售，则后续价格设置要按照一包来计算，同时填写每包的数量。

（三）颜色

根据实际情况选取，如果有多种颜色则可以多选。此外，如果商品的花色无可供选择项，则可自定义上传图片。图片尺寸要求 750px × 1000px，高清，四周不可留白，无 logo 和水印，不可使用无授权的网络图片，并且提供商品的正面 + 侧面 + 背面 + 细节图，正面图必须提供。每种颜色下至少有一张正面图，套装产品需上传一张包含所有商品的展示图。支持自定义输入属性值名称，要求输入的内容为字母、数字。

（四）价格

商品价格有两种，即按件出售零售价和按包出售的批发价，根据所选出售方式相应进行设置。零售价是指买家页面展示的价格（已包含交易手续费），如图 3-9 所示。

限时限量折扣的设置

卖家实际收入 = 零售价 × （1-佣金费率）

佣金费率有可能发生变化，按实际产品成交时的佣金费率为准，此处展示的实际收入仅为参考收入。此外，针对不同国家的买家，卖家可能会设置不同的价格或者由于国际运费的关系需要做价格的调整。定价的时候还需要考虑店铺的活动、促销等情况，否则就容易亏损。此外，还需要注意的是商家需要合理设置商品价格，如果出现超高价、超低价、运费倒挂等都会被认定为价格作弊，归入违规商品中，当店铺搜索作弊违规商品累计达到一定量后，将给予整个店铺不同程度的搜索排名靠后处理；情节严重的，将对店铺进行屏蔽；情节特别严重的，将冻结账户或直接关闭账户。如卖家发布一款手机，将价格设置成 0.1 美元 /piece 销售则会被判为超低价销售。

图 3-9　商品价格

三、详细描述

商品发布过程中详细描述模块的内容涉及 PC 端详描编辑和无线端详描编辑（选填）。

商品详情页的设置

（一）PC 端详描编辑

尽量简洁清晰地介绍产品的主要优势和特点，商品的详细描述是让消费者全方面地了解商品并有意向下单的重要因素。PC 端商品详情页描述如图 3-10 所示。优秀的商品描述能增强消费者的购买欲望，加快下单速度。好的详细描述主要包含以下几个方面。

1. 设置店铺关联商品

插入商品信息模块，单击选择商品信息模块，选择插入的关联商品即可。关于商品信息模块在编辑详描前要提前建好，这样需要用到时只要修改商品信息模块的内容就会在商品中自动更新，不需要一个个去修改了。

2. 欢迎语

如"Dear Customer. Welcome to Our Store.""Thanks for being here.""For any question, please contact with us."在欢迎语之后再重复添加商品标题，增加商品引流。

3. 商品重要的指标参数和功能

例如，服装的尺码表，电子产品的型号及配置参数。

4. 8～10 张优质图片

图片中无中文，图片上面可加英文描述，单击"插入图片"按钮，在打开的界面中上传商品图片，单击"确定"按钮。

图 3-10　商品详情页描述

5. 安装说明

如果需要消费者自行安装，则最好能够提供安装说明图片。

6. 售后服务

售后服务条款可以在详情页的最后以图片或文字的方式展现出来。

总体而言，在详描设置过程中要注意以下几点：第一，商品重要的指标参数、功能描述一定要到位，尽量用文字简要表述，做到一目了然。不要为了向外国人炫耀你的英语学得有多好而写很长很复杂的句子。第二，保持页面整洁，简单有序，有吸引力，如商品图片风格要一致，添加好评截图、授权证书、品质认证证书、工厂生产车间的图片等。第三，图片张数在6张左右，不要超过15张，图片过多会导致在手机端打开产品页面时速度过慢，给消费者带来不好的购物体验。

（二）无线端详描编辑

本模块编辑详描内容用于App端浏览商品时的详描展示，消费者可以从无线端搜索商品，购买商品，也可以直接在PC端详描编辑完成后，再单击导入PC端详描。无线端详描编辑如图3-11所示。

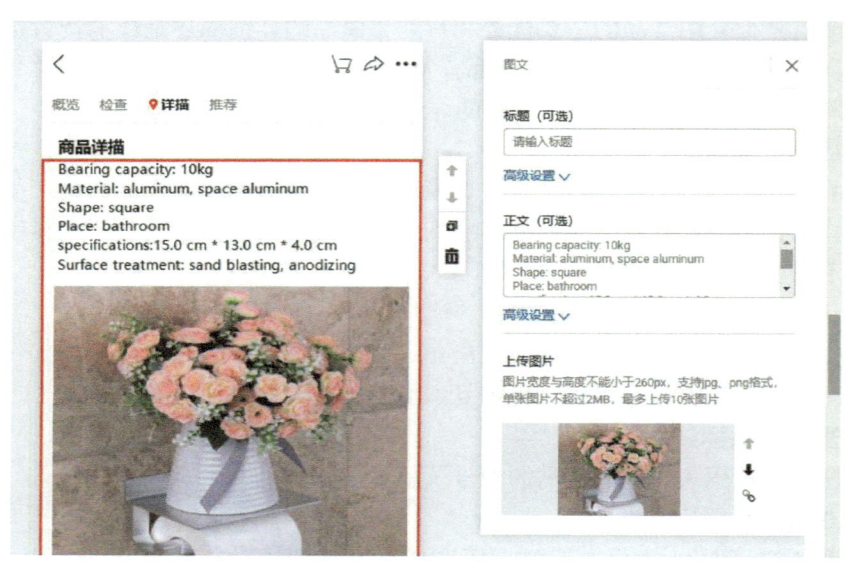

图3-11　无线端详描编辑

四、包装与物流

商品发布过程中包装与物流模块的内容涉及发货期、物流重量、物流尺寸、运费模板、服务模板。

（一）发货期

发货期的设置要遵循两个原则：首先应合理设置发货期，如果没有及时发货会出现成交不卖的情况，影响店铺评分；其次，发货后要及时填写发货信息，否则系统会退款给卖家，出现货款两失现象。速卖通发货时间是从买家下单付款成功且支付信息审核完成（出现发货按钮）开始计算的。假如发货期为 7 天，如订单在北京时间星期五 16：00 支付审核通过（出现发货按钮），则必须在 7 天内填写发货信息（周末节假日顺延），即隔一周的北京时间星期二 16：00 之内填写发货信息。

（二）物流重量和尺寸

商品的物流重量和尺寸填写要精确，并且一定要填写商品包装后的重量和体积，重量和尺寸会直接影响物流成本，从影响商品价格。商品包装时对材质和包装的方式的选择要慎重，因为选择国际运费的计算时能精确到克，而且价格非常高。有时商家甚至会发现运费可能和商品的价格持平或者高于你的成本，如果计算失误就很有可能会亏损。

（三）运费模板

商品发布时，合理的运费设置可以大大降低商品的成本，因此在设置之前，一定要先跟物流公司确认好物流的价格和折扣，然后再自定义运费。目前有两种方式可供选择。

1. 新手运费模板

这种运费设置方式对于新手商家而言是比较友好的，已经设置好的模板不需要商家再做调整。选择这种模板，后续商家可以选择采用与速卖通合作的物流服务商或者自己联系货代公司发货。

2. 自定义运费模板

有一定经验的商家可以根据店铺的数据，主要包括消费者所在区域、快递公司的物流折扣、商品的重量和尺寸等具体信息，自主设置适合本店铺商品的运费模板。运费自定义模板设置更加灵活，可以降低运输成本、提高运输效率。

（四）服务模板

同运费模板一样，服务模板的设置初期可选用新手模板，后期可以根据自己的具体情况进一步调整，设置适合店铺的服务条款，如图 3-12 所示。

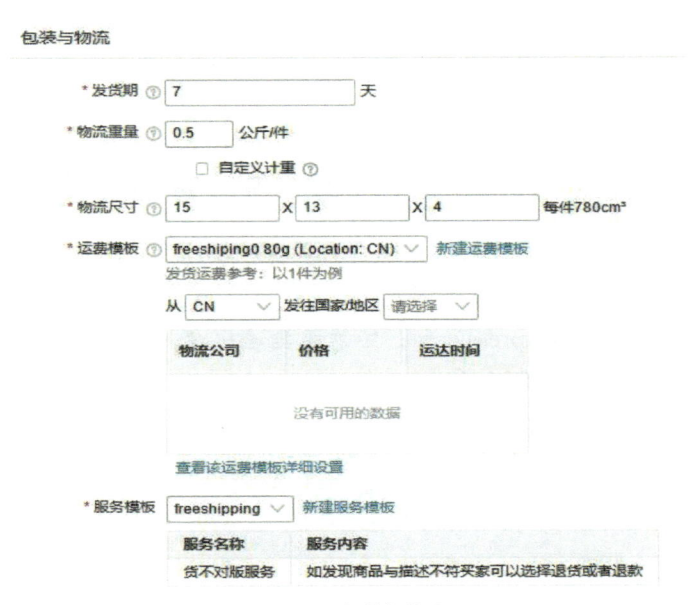

图 3-12　包装与物流

五、其他设置

库存扣减方式通常有两种：一种是下单减库存，另一种是付款减库存。下单减库存是指消费者下单后即锁定，付款成功后进行库存的实际扣减。如果超时不付款则释放锁定的库存，这种方式能避免超卖发生。而付款减库存是指卖家拍下商品且成功付款时减库存，如果超时未付款，则释放锁定库存，这种方式能大概率避免商品被恶拍。目前更多卖家会选择付款减库存，下单减库存有可能会遇到被恶拍的风险，如图3-13所示。

图3-13 其他设置

信息全部填写完毕可直接单击"提交"按钮。若单击"提交"按钮时有任何必填属性未填写，页面左侧会显示红色"必填项不能为空"的提示，每个未填写的必填属性下方也会有红色"必填项不能为空"的提示。单击某条提示即可定位到对应板块。在商品发布页面填写信息时可以随时单击"保存"按钮，已经保存的商品信息可以在"商品管理"—"草稿箱"中查看、编辑或删除。

操作示范

工作任务：发布商品皂碟（Soap Dish）

小王了解需发布的皂碟相关信息，完成商品发布环节。

[Step1] 登录后台。

打开速卖通网站www.aliexpress.com，登录速卖通后台，选择"商品"—"发布商品"，进入商品信息编辑页面，如图3-14所示。

项目三　跨境商品发布

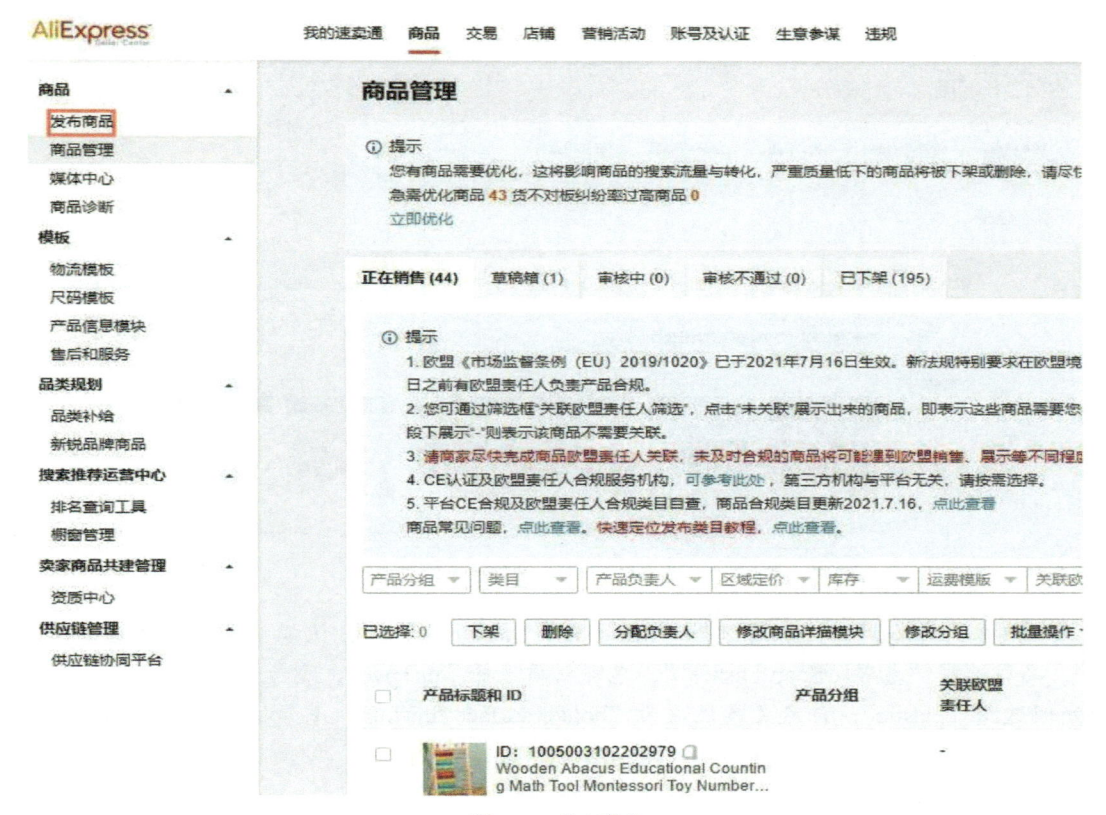

图 3-14　发布商品

[Step2] 填写基本信息（图 3-15）。

（1）填写商品标题"Creative Simple Soap Shelf Bathroom Suction Pan Toilet Soap Holder Kitchen Storage Box Wall-mounted Drainage Frame"。

备注：速卖通的标题制作及优化是一个长期持续的过程，卖家可以在后续的运营过程中回头优化前面上传的商品标题。在编写商品的标题之前，一定要建立好自己的关键词库，就是必须要对自己商品的关键词了然于胸，自己要清楚地知道哪些是主关键词，哪些是长尾词或精准词，哪些是点击率高但是与商品相关度较小的词。

【标题的关键词类型分析】

比如一款儿童玩具的商品标题：STEM Toys Building Toys for Kids Building Blocks Learning Building Set for 3 Years Old Boys Toys Stem Kids Toys 4 Years Old Boy Gift Ideas for Toddlers Boys Educational Toys for Kids Ages 3～5 Pipe Toys。

里面的**主关键词**是：Building Toys for Kids；Building Blocks。

长尾词/精准词：Boy Gift Ideas for Toddlers Boys；Educational Toys for Kids Ages 3～5 等。

（2）选择类目"家装（硬装）/卫浴设施/卫浴五金件/皂碟"。

（3）上传商品图片（也可以上传营销图和视频）。

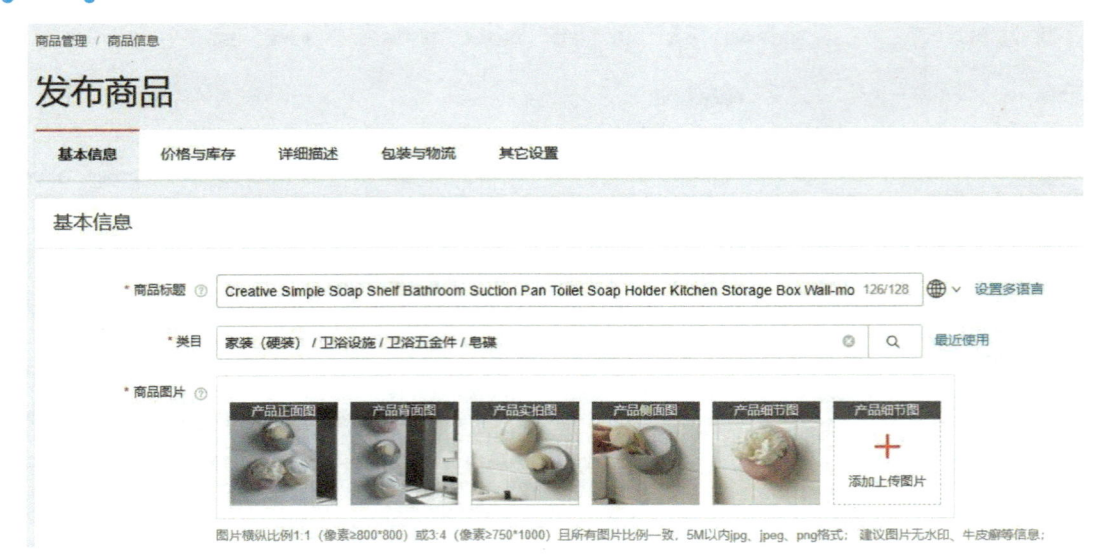

图 3-15 基本信息填制（1）

（4）填写商品属性：品牌选择"MINI MI"，认证选择"CE 认证（CE）"，产地选择"中国"，品种选择"皂碟（Soap Dishes）"，皂碟材质选择"pp+pvc"，型号选择"e6022"，座架表面处理选择"plastic"，自定义属性设为"holder surface finishing"+"plastic soap dish"等，如图 3-16 所示。

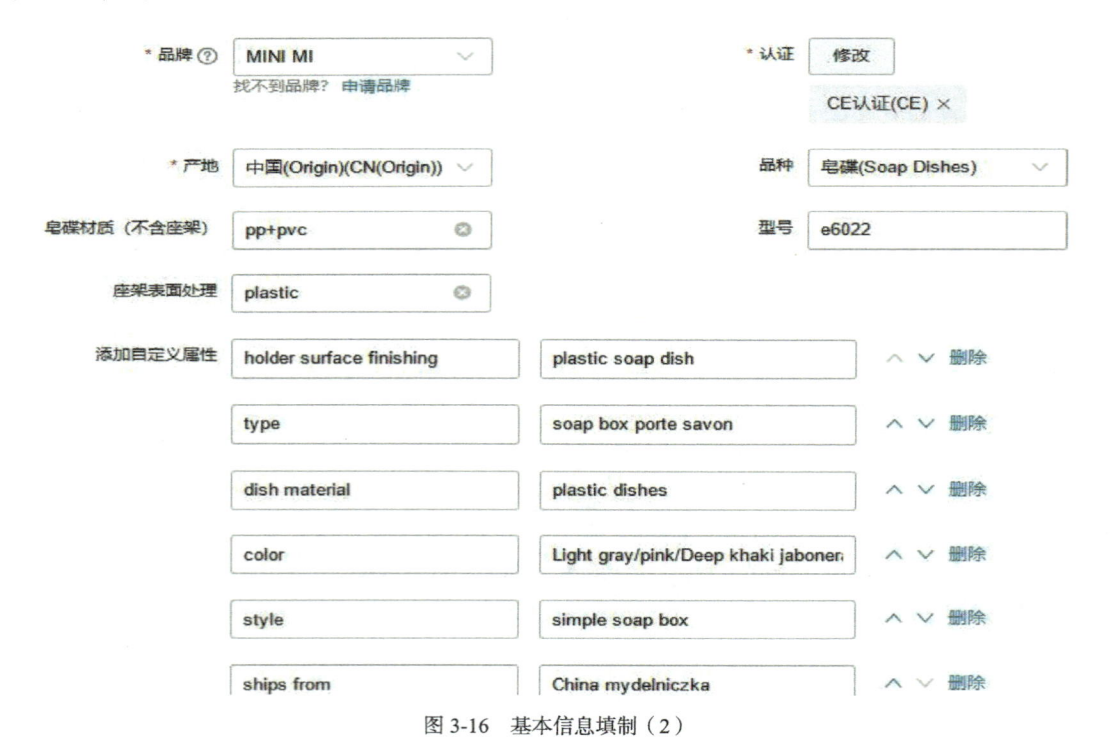

图 3-16 基本信息填制（2）

[Step3] 价格与库存。

选择最小计量单元为"件/个"，销售方式为"按件出售"，颜色为"浅灰色"+"Light gray"/"粉红色"+"pink"/"深卡其色"+"Deep khaki color"，如图 3-17 所示。

图 3-17 价格与库存（1）

同时由于前面销售方式选择的是按件出售，因此在价格设置上按照每件的零售价填写"13.99"，库存数量为"888"，如图 3-18 所示。

备注： 这里的库存数量是指卖家能够供货的库存数量，一般建议按照卖家的实际情况填写。有些卖家的货如果是来自于 1688 或者淘宝等网上货源，也可以适当减少库存数量。

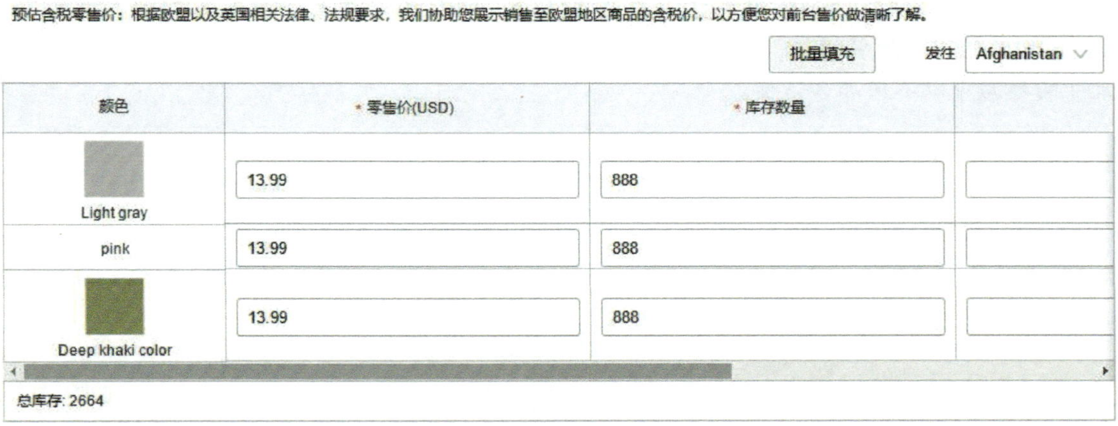

图 3-18 价格与库存（2）

[Step4] 详细描述。

PC 端详描编辑，在商品信息模块中插入设置关联商品，如加入"Dear Customer. Welcome to Our Store."，插入商品图片、详细商品参数，再加入售后模块。无线端详描编辑界面可单击"导入无线详描"按钮，如图 3-19 所示。

备注： 这里的欢迎语只是简单举例。卖家可以根据自己店铺和商品的实际情况，设置更加具体的欢迎语。

图3-19 详细描述

[Step5] 包装与物流。

设置发货期为"7"天，物流重量为"0.05"公斤/件，物流尺寸为"11×11×5"，运费模板选择自定义"freeshiping0 80g（Location：CN）"，服务模板设为"新手服务模板"，如图3-20所示。

备注： 这里的物流重量，其实指的是商品合理包装后，商品加上外包装的总重量，根据实际的商品重量填写，比如0.3kg或0.5kg。物流重量和物流尺寸的填写，会决定新手运费模板计算出来的运费。而物流尺寸指的是商品外包装后的尺寸大小。如果卖家做的是Free Shipping（包邮）运费模板，已经提早把商品的运费计入价格，那么这里的物流重量和物流尺寸的填写可以不用那么精确。

图3-20 包装与物流

店铺满立减的设置

[Step6] 其他设置。

选择库存扣减方式为"付款减库存"，勾选"支持"支付宝，选中"商品发布条款"中的"我已阅读并同意了以下条款"，单击"提交"按钮即可，如图3-21所示。

如何推送定向优惠券

图 3-21　其他设置

思政园地

亚马逊是个保护原创、尊重知识产权的平台，对卖家的侵权行为是零容忍的，很多在亚马逊开店的卖家也因为存在侵权行为导致店铺被关，这种案例屡见不鲜。而这些侵权行为里包括图片侵权、商标侵权等情况。

3C 产品一直是各大跨境电商平台的热销商品，正因如此，其知识产权投诉也一直居高不下，3C 产品中容易被投诉的品牌主要为三星和苹果。

以下为相关品牌相关的知识产权和投诉案例，如图 3-22 所示，卖家在商品描述中使用了商标词 air gesture，而且图片上也有三星标志，且图片也是从三星官网复制来的，已构成侵权。

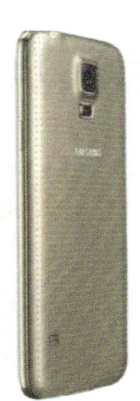

图 3-22　图片侵权

想一想

1. 对于消费者而言什么样的详情页更有吸引力，会增加他们的购买欲？
2. 商家在发布商品图片时，为避免侵权应当注意哪些事项？

知识巩固

选择题（不定项选择题）

1. 下列关于产品类目的说法中正确的是（　　）。
   A. 错误的类目选择会影响曝光
   B. 必须选择类目之后才能进入产品发布页面
   C. 类目在产品排序中很重要
   D. 错误的类目选择会受到平台处罚

2. 一个完整的标题需要包含下面哪些内容？（　　）
   A. 产品名称　　　　B. 服务
   C. 物流优势　　　　D. 产品材质

3. 商品详细描述需要包含哪些内容？（　　）
   A. 服务信息　　　　　　B. 店铺及商品的相关推荐
   C. 商品基本描述　　　　D. 物流信息

4. 商品发布时需要注意哪些点？（　　）
   A. 全面准确的属性
   B. 完整而又重点突出的标题
   C. 与商品匹配的类目
   D. 完整清晰的详细描述

5. 商品标题如何填写？（　　）
   A. 清楚地描述清楚商品的名称、型号及关键的一些特征和特性
   B. 符合海外买家的语法习惯
   C. 切记避免虚假描述，以免影响商品的转化情况
   D. 切记避免关键词堆砌，以免引起搜索降权处罚。

6. 以下哪些标题是优质的？（　　）
   A. （12piece）NEW 100% cotton men's underwear
   B. 2021 New Party Dress Bridal Dress Evening Dress
   C. Custom Made Mermaid Satin Sweep Train Wedding Dress
   D. I68 4G

操作技能训练

工作项目一

请在后台发布一款详情页优质的商品，货源的图片可以从1688寻找，要求：
1. 注意不要侵权。
2. 商品的属性填写率达到100%。

3. 主图符合要求。
4. 商品详情页合理描述。

工作项目二

请根据图 3-23 所示商品制作相应的商品标题（这是一款自动皂液器，感应式的，有两种颜色），要求：

1. 不要侵权。
2. 符合速卖通的标题要求。

图 3-23　自动皂液器

项目四

店铺视觉优化

项目目标

知识目标

※ 了解跨境店铺装修的基本模块及其内容设置的环节。
※ 掌握跨境店铺店招及店名等的基本概念与设计理念。
※ 掌握跨境店铺优化的技巧及操作过程。
※ 掌握商品优化的目的和设计思路与视觉效果的呈现。

能力目标

※ 能学会商品图片处理的基本方法。
※ 能学会跨境店铺店招的设计流程。
※ 能学会各类店铺栏目设置及功能。
※ 能学会自定义模块的设置及流程。

思政与素质目标

※ 培养学生视觉审美能力和设计意识。
※ 培养学生岗位协同意识和创新精神。
※ 培养学生的发散性思维与工匠精神。

项目导入

浙江俊尚电子商务有限公司（简称俊尚公司）在2018年1月份新开了一家速卖通店铺，因此俊尚公司的跨境电商部门经理给运营人员小王布置了最新的任务，主要是设计该店铺的店招及装修该店铺，并利用店铺设置中的各项模块，完成店铺栏目设置、店铺装修、店招LOGO与自定义模块的设置。

项目分析

小王主要有以下任务。

工作任务 1：优质店招的设计

进入跨境电商后台（以速卖通为例）的装修界面，了解店铺店招的设计流程与具体要求，设计优质的店招能够有效地提升店铺整体视觉体验。

工作任务 2：店铺的栏目设置

了解店铺的基础模块中的具体功能与设置要求，了解商品分组、图片轮播、商品推荐、自定义内容区等各类栏目的具体作用。

工作任务 3：店铺的图片处理

良好的图片处理技巧对于提升买家购买意愿与客单价都有积极的作用。卖家能够利用诸多装修及图片处理技巧来提高店铺的曝光率与引流，为店铺的可持续发展提供良好的平台与基础。

知识导入

一、跨境电商店铺装修优化的重要性

（一）店铺为什么要装修

店铺好看才会有人看，这是必然的，只有装修得漂亮才会有人喜欢看。除了美观外，还便于对信息进行分类，方便用户查看。

（二）店铺找谁装修，怎么装修

（1）有一定 PS 基础的和懂网页设计的人可以考虑自己装修，同时网上也有相关教程，也可到百度网站中搜索。

（2）如果不会，那么可以在各个网站本身的商品里面找到专业做网店装修的店铺帮你量身打造店铺，并学会装修之后的使用方法。

（3）店铺装修后得到的素材一般分为图片素材和代码素材，部分装修后的图片素材需要自己上传，而部分代码素材则要求自己会使用，这就需要与给你装修的人多多交流了，好好地学习如何使用店铺的装修。

二、网店装修注意事项

网店经过装修后对商品的销售有一定辅助的作用，不但能让顾客注意到你的商品、提高点击率、增加"逛店"的乐趣，还可以大大提升购买机会。那么，网店如何做好"装修"呢？下面列举五大注意事项。

（一）网店设计风格要与主营商品相符

针对不同的消费群体有不同的主题模板，一般来说插画风格、时尚可爱、桃心、花边等风格适合女装类店铺，而黑白搭配、有金属质感的设计风格更适合男装店铺。毋庸置疑，童装店适合卡通风格。

（二）合理使用色彩

除了风格，色彩的选用也很重要。店铺色彩不但可以提高顾客的购买意愿，同时可以提高商品的水准。暖色系一般来说是很容易亲近的色系，例如红、黄等色，它比较适合年轻阶层的店铺。同色系中，粉红、鲜红、鹅黄色等是女性喜好的色彩，对妇女用品店及婴幼儿服饰店等商品华丽的高级店铺较合适。寒色系有端庄肃穆的感觉，适合高档商务男装店铺。同时，在夏季为了再现山峰海涛的感觉，使用寒色系，可以让人产生清凉感。

（三）风格要统一

网店装修的整体风格要一致。从店招的设计到主页的风格再到宝贝页面，应采用同一色系，最好有同样的设计元素，让网店有整体感。在选择分类栏、店铺公告、音乐、计数器等东西的时候要有整体考虑。一会儿用卡通人物、一会儿用浪漫温馨、一会儿用搞笑幽默，风格不统一是网店装修的大忌。

（四）主题突出，切忌花里胡哨

店铺装修得漂亮，确实能更多地吸引买家的眼球，但要清楚一点，店铺的装饰别抢了商品的风头，毕竟我们装修的目的是卖商品而不是秀店铺，弄得太多太乱反而影响商品效果。

（五）避免使用太多的图片

店主特别是新手卖家会觉得图片越多店铺越好看，其实，这是一个误区。图片太多、质量太高会影响页面打开的速度，这也是网店与实体店铺的不同之处：除了注重"装修"效果之外，还要考虑到页面打开速度的问题。因此，网店装修要把握一个度，能用表格和字体的加粗以及颜色解决的问题尽量不要用图片，这样店铺的访问速度就不会受影响了。

三、无线端店铺装修技巧与注意事项

（一）无线端店铺的特点

（1）场景多样化、时间碎片化。用户随时随地可浏览，也随时可能被打断。

（2）内容需要简单快捷、可快速获取浏览。因为随时会被打断，内容当然要简单直接，做到快速能被用户获取。

（3）竞争减少。屏幕、流量等因素限制了内容的展现。在PC上，可以打开多个浏览器窗口来对商品进行比较，但是手机上是无法这样操作的，而且由于流量等因素的限制，用户也不会过多浏览，竞争自然相对PC减少。

（4）关注、收藏的店铺可随时推送消息，与用户互动。手机用户一般都是随身携带的，互动起来时效性更高，当然，要把握好度，过多会打扰到用户造成反效果。

（二）无线端店铺的框架

无线端店铺的框架如图 4-1 所示。

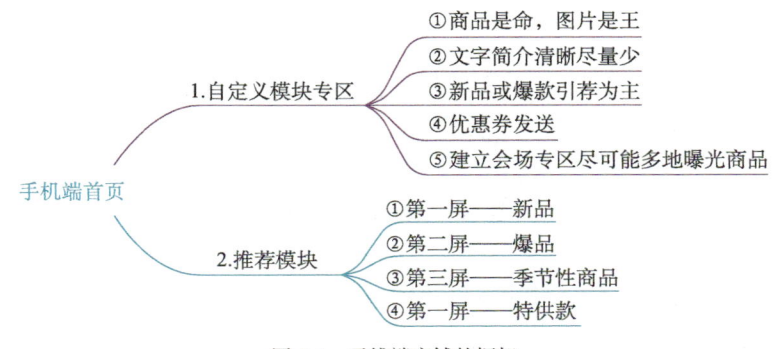

```
                                    ①商品是命，图片是王
                                    ②文字简介清晰尽量少
                   1.自定义模块专区 ③新品或爆款引荐为主
                                    ④优惠券发送
                                    ⑤建立会场专区尽可能多地曝光商品
手机端首页
                                    ①第一屏——新品
                   2.推荐模块       ②第二屏——爆品
                                    ③第三屏——季节性商品
                                    ④第一屏——特供款
```

图 4-1　无线端店铺的框架

（三）无线端店铺装修的七大原则

（1）无线端店铺要做到极速打开。在做店铺设计的时候，一定要考虑到极速打开的问题，无线端流量会有限制，图片过大会出现图片打不开的现象。

（2）信息一定要简洁、可快速传播。无线端受手机的载体限制，面积有限，店铺的内容呈现更是受限，信息量过多会导致用户无法读取，随即产生的就是用户流失。

（3）设计主体和店铺风格相结合，首尾呼应。目前很多店铺主题是一种风格，商品页面是另一种风格，一个店铺没有完整的风格传承塑造，这种情况在 PC 端也有很多，无线端店铺只能窄视觉展示，更应该注意店铺的所有设计，依据品牌调性，使所有的设计保持风格一致。

（4）保持常换常新。跟 PC 端道理一样，不同的活动内容和促销目的需要有不同风格，增强买家的新鲜感，有变化买家才会经常浏览店铺。

（5）快速读取信息，控制文字大小，多以图片为主。PC 端的用户可能会在一两分钟内浏览店铺或者说还愿意在卖家店铺停留一两分钟，但在无线端买家会更集中于先看图片，一张图胜过千言万语，图片吸引了买家，买家才会去看页面其他的一些文字介绍。

（6）分类结构要明晰，模块划分要清晰。无线端模块结构要求少而精，商品区域清晰。

（7）店铺装修的颜色使用要有亲切感，不要过于鲜亮。考虑到不少安卓机的屏幕显示问题，也不要过于沉闷，手机屏幕小，大面积的深颜色容易给人压抑感。

四、图片处理技巧与注意事项

（一）商品图片拍摄注意事项

1. 尽量避免色差

因为色差问题主要在于相机的白平衡，有些相机是可以调节色温的，所以在前期拍摄的时候，可以根据拍摄灯的色温调整相机，得到最合适的颜色。如图 4-2 所示，后期的买家纠纷里面，可以看到买家发起纠纷的原因：It's not like the photo。收到的实物图片颜色和商品详情页呈现的图片颜色不一样。因此，商品图片在拍摄的时候就要尽量避免色差的问题。

买家发起纠纷

买家纠纷提起原因： 尺寸与描述不符

方案： 退款 RUB 381,00 py6.

备注： I ordered a white holder. In the photos it is white. Beige came to me (It doesn't fit my bathroom! It looks terrible! It's not like the photo. Cheap plastic and terrible color! The price is too high! I'm ready to send this product back to the seller, but at the seller's expense! I don't consider myself guilty in this situation! If the color was white, I would not open a dispute at all!

证据

图 4-2　因为颜色不符导致的纠纷

2. 多角度展示商品

多角度展示商品可以让买家足够了解商品，避免出现"和我想象的不一样"这类问题的出现，如图 4-3 所示。

图 4-3　多角度展示商品

3. 材料、填充物、缝制工艺等细节展示拍摄

商品细节的展示，如材料、填充物、缝制工艺等细节，如图 4-4 所示。

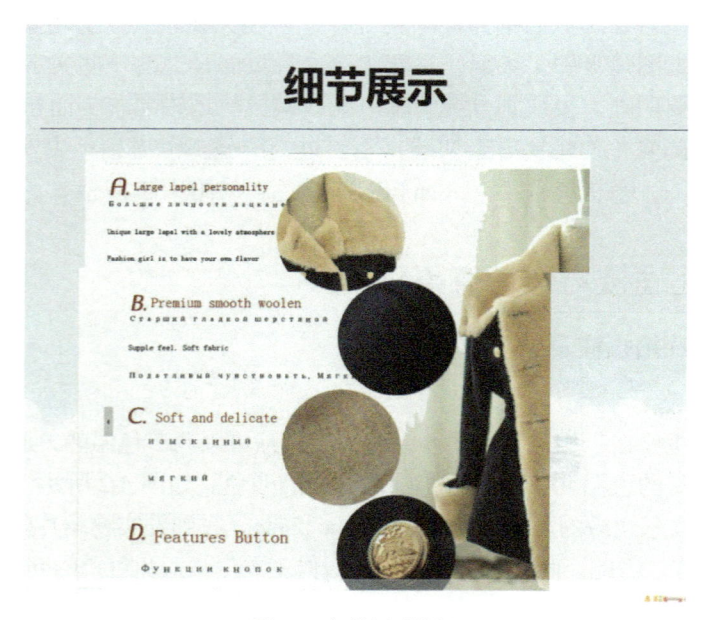

图 4-4　细节展示拍摄

4. 把商品图片拍出质感

要想拍出商品的质感，首先需要统一商品的背景。图 4-5 中第一排第一张和第二排最后两张为优秀示例，其他图片的模式不推荐。然后，还要进行专业的拍摄，可以由专业的摄影师拍摄。如果自己来拍摄的话，色温一定要准确，突出商品。

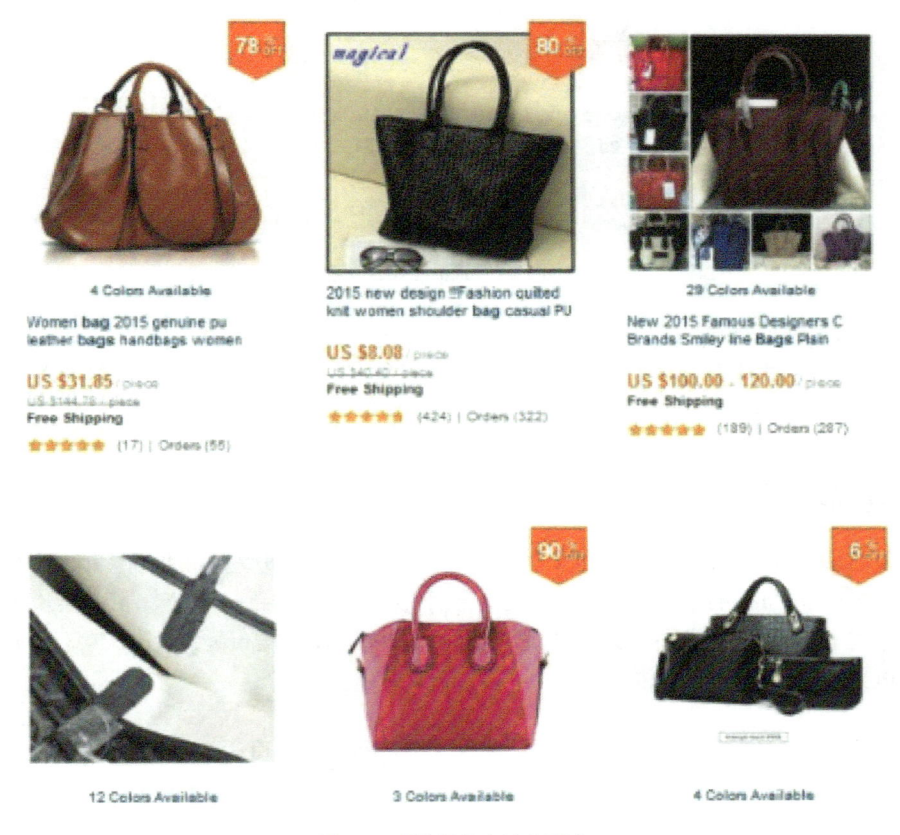

图 4-5　商品图片应拍出质感

（二）图片处理中的经验与手法

图片处理主要通过一些处理软件进行处理，如利用 PS 可以修改图片中的一些问题，还需提醒的是，要注意显示器的问题。每个显示器的色彩都有差别，在所拍摄商品照片颜色准确的前提下，可以用实物和显示器颜色对比，选一个颜色最准的显示器处理图片。

1. 图片尺寸和 Logo

主图的尺寸为 800px×800px，比例是 1∶1，图片数量是 5 张以上。Logo 统一放在左上角，不允许出现其他全文字性的信息。

2. 主图

主图不能出现上方 4 张图片的情况，因为这看起来杂乱无章，并且无线端现在是不允许拼图的，它会直接影响到搜索排名和报名活动成功的概率。图片背景要求统一成白色或纯色，如图 4-6 所示。

备注：虽然很多跨境电商平台要求主图最好是白色或者纯色的，但是在买家前端还是会看到很多主图背景不一样的图片。

图 4-6　商品主图呈现模式

3. 图片的基本处理

图片处理时要学会切图、抠图、图章工具、描边、添加文字、画线等最基本的功能，还要掌握常用的色彩调整功能。

操作示范

速卖通店铺的装修页面在 2021 年 8 月份进行了很大的改版。顶部切换器由店铺内的页面构成，每个页面都有各自的版本管理。版本管理分为"当前版本"和"其他版本"，当前版本即为线上版本。卖家可以对多个版本进行管理并随时发布为线上版本，一个版本内包括 App 和 PC 两端，支持同步装修。

工作任务 1：优质店招的设计

跨境店铺的店招设计，是店铺的重要标志之一。好的店招可以给顾客留下良好的印象，增加浏览店铺的时间。同时，店招也能有效地展示店铺主营商品的类别与特色。因此，掌握店铺店招的设计与上传流程，对于店铺的经营具有重要的作用。

[Step1]

进入速卖通卖家后台，单击"店铺"栏目，再单击"店铺装修及管理"，找到"店铺装修"所在位置，如图 4-7 所示。

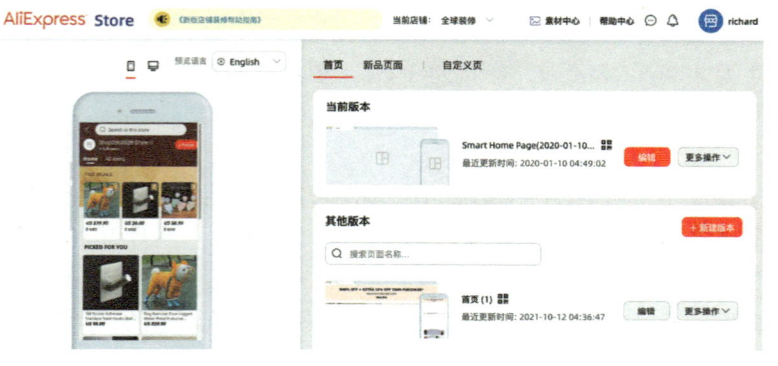

图 4-7　店铺装修页面

项目四　店铺视觉优化

[Step2]

自 2021 年速卖通店铺装修的页面改版后，店招的位置不如以前明显。卖家需先单击"新建版本"按钮，再单击"选择模板"按钮，然后选择"基本"模板，如图 4-8 所示。

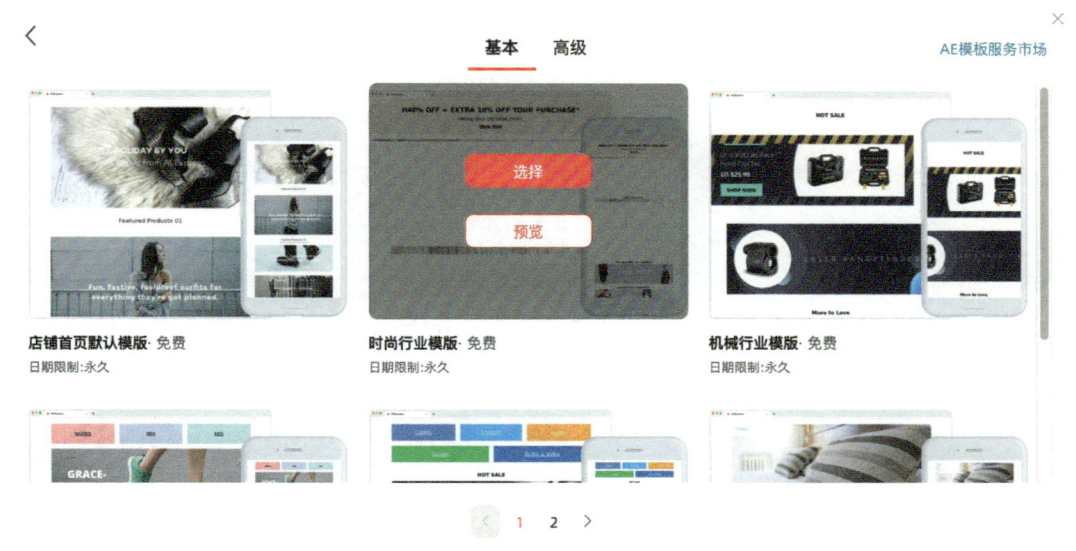

图 4-8　新建基本版本

[Step3]

如图 4-9 所示，右边可以看到店招的位置。将设计好的店招上传"PC 端"与"无线端"。图片上传过程中，注意像素与格式的要求。"PC 端"的店招图片要求为宽度 1920px，高度 90px。JPG、PNG 图片格式，2MB 以内。"无线端"店招图片宽度为 750px，高度为 300px，支持 JPG、PNG 图片格式，大小不得超过 2MB。

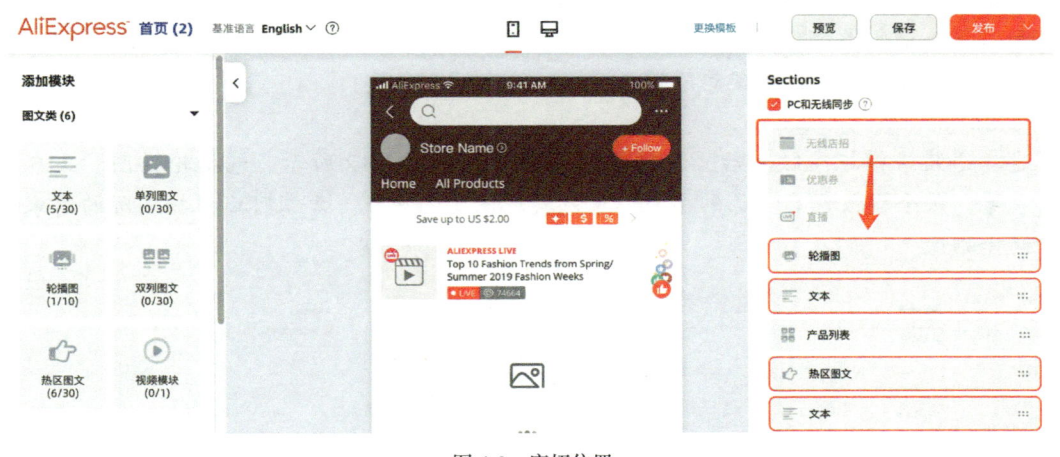

图 4-9　店招位置

[Step4]

选择"上传图片"选项，在文件中选择设计好的优质店招，将 PC 中已经设计优化好的店招图片上传至后台，如图 4-10 所示。

图 4-10 "上传图片"页面

[Step5]

单击"发布"按钮,完成店铺店招的设置流程,并进入主页查看店铺店招设计的最终效果,如图 4-11 所示。

图 4-11 店铺店招的呈现效果

工作任务 2:店铺的栏目设置

店铺的栏目设置包括导航设置、轮播图片、热区模块、主推款模块、商品列表模块等。熟悉和掌握店铺各类栏目的设置要求与具体步骤,对于店铺的整体呈现具有积极作用,会给顾客提供良好的购物体验与视觉感受。

[Step1]

速卖通装修模板改版之后,有很多新的模块,如图 4-12 所示,包括轮播图、文本、商品列表等,每个模板都有自己的功能,可以实现图文的展现。卖家可以根据实际的需求情况进行选择测试。

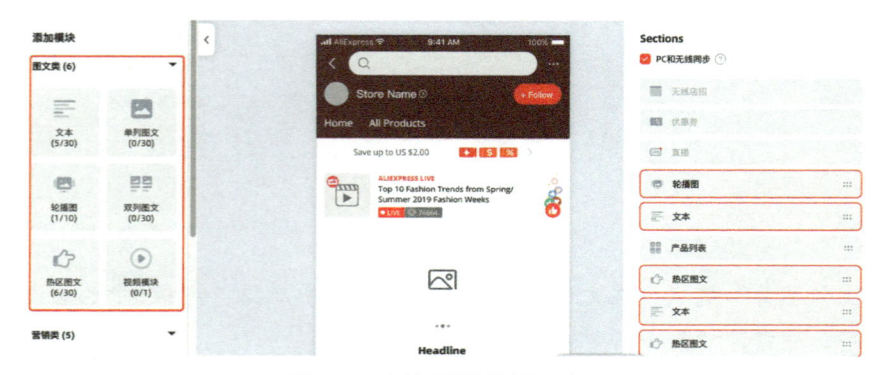

图 4-12 店铺"导航设置"页面

[Step2]

商家们都知道轮播图的重要性，因为轮播图能够吸引消费者单击，提升店铺的访问量，如图4-13所示，卖家单击进去，可以设置店铺的轮播图。速卖通图片尺寸有两种，即720px×200px或者720px×360px，一个轮播组件最少需要两张banner，最多可以有5张banner进行轮播，编辑方法与单图模式类似。在页面编辑中，有一个图片轮播编辑。这里需要注意，其高度规定了，只能是100px。

图4-13　轮播图

[Step3]

热区图文的图片，建议宽度为750px，高度不超过960px，支持JPG、PNG图片格式，大小不得超过2 MB，如图4-14所示。

图4-14　热区图文

[Step4]

单击"预览与发布"按钮，每一次对页面进行任何编辑操作时，建议卖家都请注意保存操作，操作完毕后请务必预览店铺页面，而后单击"发布"按钮，发布后的效果页面如图4-15 所示，页面会在确认发布后停留1～2 分钟缓存执行发布操作，待发布进度显示为100%后，即说明此次发布操作成功。发布成功的卖家店铺装修页面大约需5 到10 分钟生效，买家端方才可见，请卖家朋友们了解。

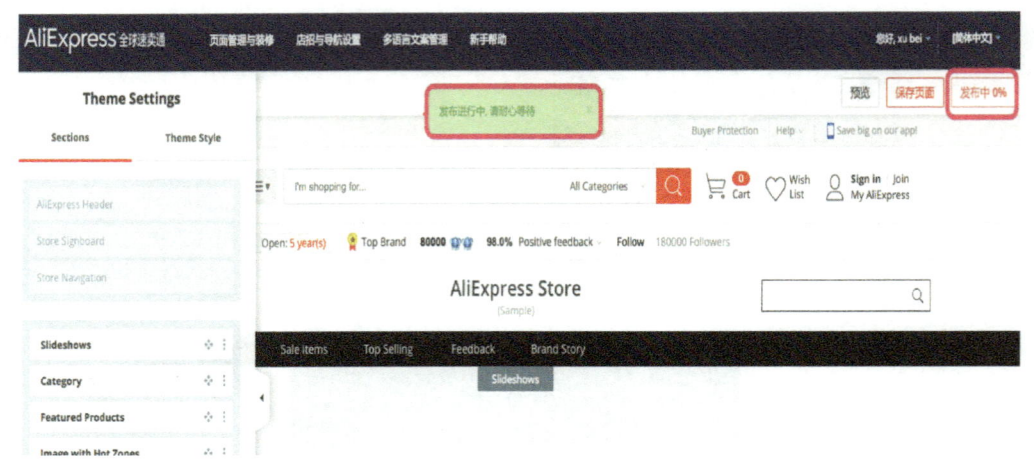

图 4-15 发布成功的卖家店铺装修页面

备注： 速卖通后台的装修模板改版后包括图文类、营销类、商品类。

1. 图文类

卖家可以选择纯文本、单列图文、双列图文、轮播图、热区图文这几种形式去展示商品。

2. 营销类

营销类模板主要涉及满件折、粉丝专项优惠券、粉丝专项折扣商品、邀请活动、店铺签到有礼这几个活动，这也需要我们了解一下设置方法，及其展现方式。

3. 商品类

商品类模板主要就是对其他商品的关联推荐，例如，商品列表、排行榜、猜你喜欢、新品、智能分组，建议选择一些关联性比较高，或者当时比较热门的商品效果会更好。

建议卖家根据自己的实际情况，从这些模板中进行选择，在后台进行装修设置。这里因为篇幅原因不一一解释。

工作任务 3：店铺的图片处理

跨境电商商品的图片处理技巧，对于优化店铺及视觉效果具有重要作用，掌握一些基本的图片处理能力，对于店铺商品的销售及营业额会起到事半功倍的效果。Photoshop 作为主流图片处理的软件，让许多初级跨境电商卖家望而生畏，因此本工作任务会选择容易操作的美图秀秀软件作为基本图片处理的工具。

[Step1]

下载美图秀秀软件，或者使用美图秀秀在线版，通过特效功能，将曝光不足、曝光过度、太暗或者太亮的图片（图 4-16）进行处理，使商品主图显得更加漂亮。

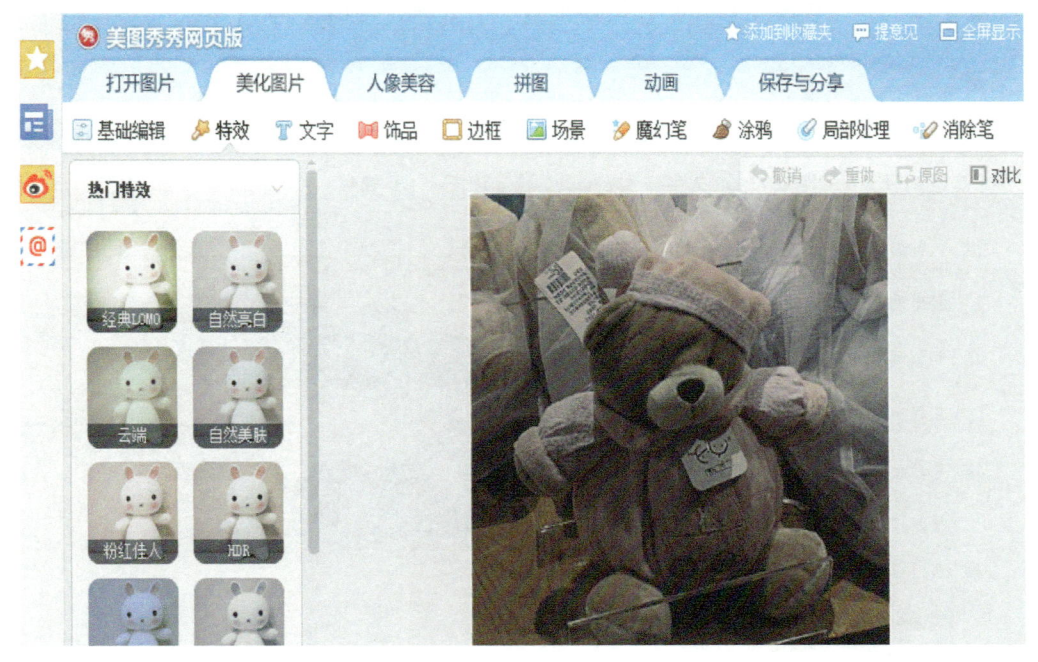

图 4-16　需要处理的商品图片

[Step2]

利用"热门特效"与"基础特效"中的各类滤镜与透明度的选择，对商品图片根据需要进行美化，使其呈现更好的视觉效果，增加视觉美感，如图 4-17 所示。

图 4-17　处理后的商品图片

[Step3]

选择有文字水印的图片时,要将图片中的水印去除,如图4-18所示。

图4-18 处理前的有文字水印的商品图片

[Step4]

单击"消除笔"按钮,将图片中的"小叶紫檀手串"文字水印去除,并保存处理后的图片,如图4-19所示。

图4-19 处理后的无文字水印的商品图片

[Step5]

将商品图片的背景进行虚化，突出商品特征。利用美图秀秀里"局部处理"中的"背景虚化"功能，将需要处理的图片背景进行虚化，可以选择涂抹虚化或者形状虚化，并且对虚化力度、渐变范围、焦点大小进行相应的设置，使之达到需要的程度，如图4-20所示。

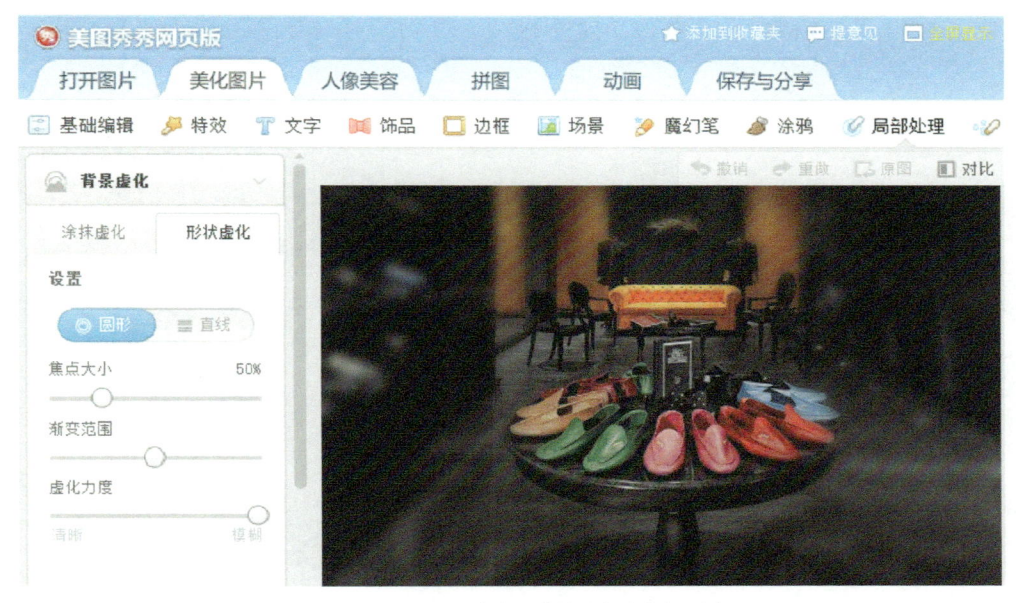

图4-20　处理后的将商品背景进行虚化的图片

[Step6]

利用美图秀秀的抠图功能，将需要的图片选择自动抠图、手动抠图、形状抠图等方式进行有效抠图，如图4-21所示。

图4-21　处理前的需要抠图的图片

[Step7]

将之前的图片背景换成白色,完成最终的抠图效果,如图4-22所示。

图4-22 抠图处理后变为白色背景的图片

[Step8]

为图片添加简洁统一的边框,有利于商品展示过程中整体风格的一致与美观。单击美图秀秀中的"边框"栏,根据商品特点选择相应边框,如图4-23所示。

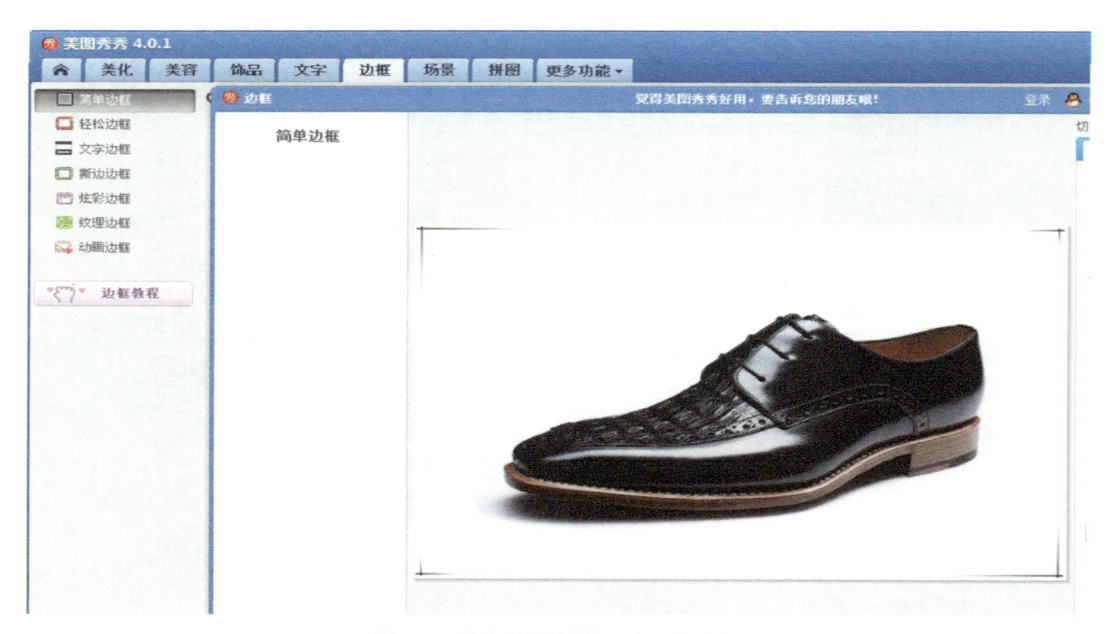

图4-23 给商品图片增加边框后的效果

知识巩固

一、选择题（不定项选择题）

1. 速卖通可以用哪几种语言编辑并展示商品信息？（ ）
A. 葡萄牙语
B. 西班牙语
C. 英语
D. 俄语

2. 以下哪些行为会受到知识产权的处罚？（ ）
A. 盗用他人图片
B. 买家投诉
C. 平台排查到商品有侵犯知识产权
D. 知识产权所有人投诉

3. 以下哪些行为会被认定为重复铺货？（ ）
A. 商品主图完全相同，且标题、属性雷同
B. 同个卖家不同商品，商品主图不同，但标题、价格、属性完全相同
C. 同件商品设置不同的打包方式，发布商品数量超过 3 个
D. 商品主图不同（比如，主图为同件商品不同角度，有无包装拍摄的图片），但标题、属性、价格高度雷同。

4. 无线端店招图片的大小是多少？（ ）
A. 800px × 800px　　　　B. 750px × 300px
C. 300px × 300px　　　　D. 750px × 750px

二、判断题

1. 店铺招牌是在"店铺装修"里设置的。（ ）
2. 光圈与光圈值之间是正比的关系。光圈越大，光圈值也越大。（ ）
3. 一张图片可显示的像素越高，画面就越精细。（ ）
4. 利用多边形套索工具，将规则的商品抠出来，去掉背景，所以会利用到区域反选。（ ）
5. 为了避免分散买家的注意力，详情页中最好不要显示关联销售的商品。（ ）

操作技能训练

工作项目一

根据自己开设的跨境店铺,在速卖通、敦煌网或 Wish 平台上,根据所卖商品的类目,找寻优质的店铺优化案例,并应用于自身店铺中。

工作项目二

分组讨论影响店铺优化的因素,并说明理由及改善方式。

项目五

跨境电商营销推广

项目目标

知识目标

※ 了解内容营销的基本方法。
※ 了解平台营销活动的类别、参加条件以及使用流程。
※ 掌握店铺营销活动的类别和使用流程。
※ 掌握直通车选品、选词、出价的基本方法。

能力目标

※ 能够根据营销策略选择开展店铺营销活动。
※ 能够为平台活动选择促销商品和制定促销价格。
※ 能够初步运用直通车进行新品测款和爆款打造。
※ 能够诊断与优化直通车推广效果。
※ 能够利用内容营销工具进行引流。

思政与素质目标

※ 培养学生的多岗位协同合作意识。
※ 培养学生细心耐心精心的工匠精神、敬业精神。
※ 培养学生具备互联网思维和大数据思维。

项目导入

浙江致远电子商务有限公司在2018年1月份新开了一家速卖通店铺，运营的类目是五金卫浴商品（家装＆灯具＆工具—家装/硬装类目—卫浴设施）。跨境电商运营人员小王虽然在店铺上上传了不少商品，但店铺的流量、下单转化率却不尽如人意。公司的跨境电商部门经理要求小王尽快改进营销推广方法和思路，提升推广效果。

项目分析

跨境电商营销是跨境电商卖家提高店铺流量，提升店铺出单率的重要手段。该项目以B2C平台速卖通店铺的营销推广手段为例，小王需要去了解和掌握速卖通店铺活动营销、平台活动营销、直通车营销、粉丝营销的相关知识和操作流程。

小王的主要任务有以下几项。

工作任务1：店铺活动营销

掌握主要的跨境电商店铺活动营销工具，能够合理运用营销活动为店铺引流，能够灵活搭配使用店铺活动营销工具。

工作任务2：直通车营销

了解、熟悉并掌握直通车选品、选词、出价的基本方法，能够诊断与优化直通车推广效果，能够初步运用直通车进行新品测款和爆款打造。

工作任务3：粉丝营销

了解、熟悉粉丝营销的方法和技巧，能够利用第三方平台提供粉丝营销工具设计发布图文/视频帖。

工作任务4：平台活动营销

了解主要的跨境电商平台活动营销工具，能够为平台活动选择促销商品和制定促销价格。

知识导入

一、跨境电商营销的概念

对于跨境电商B2C卖家而言，不论是在第三方平台开店还是通过自建站的方式进行跨境销售，都必须通过跨境电商营销推广的工具进行引流和促销。通常把跨境电商营销推广手段分为活动营销工具和引流工具两大类。

二、跨境电商营销手段

（一）跨境电商活动营销工具

跨境电商站内活动营销推广工具主要包括店铺自主创建或参与的店铺活动营销和平台活动营销。

1. 店铺活动营销

店铺活动营销工具是指各大平台为跨境电商B2C商家提供的店铺自主推广手段。以速卖通为例，该平台的店铺活动营销推广工具包括单品折扣、满减活动、店铺优惠券、搭配活动、互动活动和店铺优惠码 6 种，如图 5-1 所示。

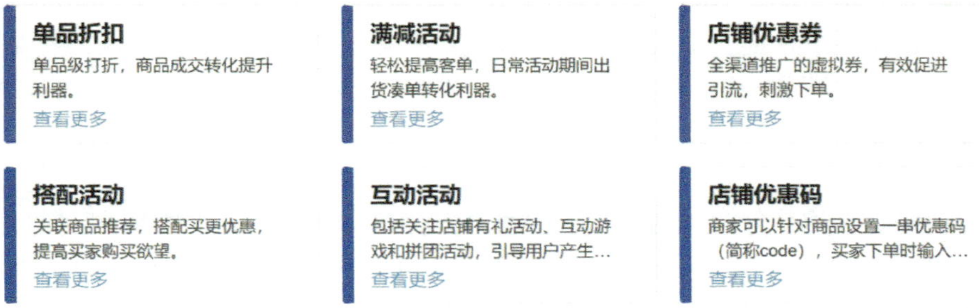

单品折扣
单品级打折，商品成交转化提升利器。
查看更多

满减活动
轻松提高客单，日常活动期间出货凑单转化利器。
查看更多

店铺优惠券
全渠道推广的虚拟券，有效促进引流，刺激下单。
查看更多

搭配活动
关联商品推荐，搭配买更优惠，提高买家购买欲望。
查看更多

互动活动
包括关注店铺有礼活动、互动游戏和拼团活动，引导用户产生…
查看更多

店铺优惠码
商家可以针对商品设置一串优惠码（简称code），买家下单时输入…
查看更多

图 5-1　速卖通店铺活动营销工具

（1）单品折扣

这是一款为买家提供单品级打折优惠的店铺自主营销工具。速卖通单品折扣活动允许商家设置商品分组折扣、平台新买家折扣、粉丝折扣等。单品的打折信息会在搜索、详情、购物车等买家路径中展示，提高买家购买转化率，快速出单。只要到了商家设置的活动开始时间，折扣活动即会生效。值得注意的是，在日常活动场景下，单品折扣活动是可以编辑修改的，编辑后立即生效，但是大促场景下的单品折扣活动不允许暂停活动，预热开始后不允许新增/退出商品，不允许编辑商品（同平台活动锁定逻辑一致）。

（2）满减活动（又称满立减活动）

满减活动就是卖家根据自己商品的客单价设置的促销规则，系统则根据卖家设置自动生成的促销活动。满减活动分为全店满立减活动和商品满立减活动。选择"部分商品"，即为设置了活动的部分商品的满立减活动；选择全店所有商品，则为全店铺商品均参与满立减活动。满减活动下的订单金额包含商品价格（不含运费），活动商品按折后价参与。

商家通过满减活动工具还可以设置满包邮和满件折：满包邮即商家对店铺设置"满 N 元/件包邮"的促销规则，买家下单时，若是订单总商品数超过了商家设置的 N 元/件，则在买家付款时，在指定的地区范围内，系统自动减免邮费；满件折即商家对店铺设置"满 X 件优惠 Y 折"的促销规则，即订单总商品满足 X 件数，买家付款时则享 Y 折优惠。

满减活动在一定程度上能够刺激买家的消费欲望，提升店铺的销售额。值得注意的是，店铺满减活动的优惠是与其他店铺活动优惠叠加使用的，对于已经参加折扣活动的商品，买家购买时以折扣后的价格计入满件折/满立减规则中。所以，同时使用打折工具和满件折/满立减工具时，商家一定要重新计算商品利润。

（3）店铺优惠券

店铺优惠券，用于店铺自主营销，卖家可以通过多种渠道进行推广，通过设置优惠金额和使用门槛，刺激转化提高客单价。常用的优惠券有领取型、定向发放型和互动型。不同类型的优惠券都有各自的发放渠道。

领取型：买家可以在店铺常规展示渠道如商品详情页、购物车、店铺看到并领取该券，也可以在官方推广渠道如领券中心及卡包推荐页看到。该类型的优惠券可以分国家设置。

定向发放型：商家可以在客户营销、粉丝营销或互动游戏中发放优惠券，在互动游戏的奖励选择中选择该类型优惠券，在"内容营销"—"粉丝营销"中发帖时添加该优惠券，也可以通过买家会话、邮件、定向优惠券发放形式将该店铺券发送给买家。

互动型：该类型的优惠券主要通过金币兑换来发放。

（4）搭配活动

搭配活动是一款方便商家将店铺商品进行组合销售的店铺自主推广工具，可以刺激转化提高客单价。速卖通平台提供了人工搭配销售和算法搭配销售两大工具。人工搭配销售用于手动创建搭配店铺内商品的组合销售方案；算法搭配销售则由系统每天为商家自动创建根据算法推荐的搭配套餐，套餐价为商品原价，商家可以删除或者编辑算法搭配套餐。

（5）互动活动

速卖通店铺互动活动分为互动游戏和拼团两类。互动游戏包括"翻牌子""打泡泡""收藏有礼"三种互动游戏，设置后选中放入粉丝趴帖子中可快速吸引流量到店。拼团是对外传播拉新的工具，通过拼团营销工具设置更低的折扣，驱动用户在站外和好友分享并共同下单。值得注意的是，店铺互动活动设置后，不会直接展示，商家需要装修到对应的店铺装修页面或者粉丝趴帖子中进行展示。

（6）店铺优惠码

除了店铺优惠券，商家还可以针对商品设置一串优惠码（code），买家下单时输入优惠码即可享受相应优惠。优惠码在海外市场广受买家欢迎，使用习惯更符合海外买家偏好，是帮助商家提升交易转化的利器，建议采取阶梯型门槛的配置，保证店铺同时生效的 code 活动有高低两个不同的门槛，提升转化率和客单价。

2. 平台活动营销

跨境电商 B2C 第三方平台都有自己的平台活动营销策划，以速卖通为例，该平台的平台活动包括平台固定频道活动和平台促销活动。其中平台固定频道活动包括 Flash Deals、金币频道、品牌闪购、试用频道 Freebies、俄罗斯低价频道、Super Deals、砍价 slash it、每月会员活动等；平台促销活动包括日常促销活动和大型促销活动，如 3·28、6·18、8·28、双11、黑五、冬季清仓等大促活动。需要注意的是，由于各个活动的营销目标有差异，各活动对参与的店铺和商品会有不同指标要求。因此不是所有活动，所有店铺都能参加的。各店铺能参加的活动在店铺后台"平台活动-可报名"筛选，后台没有招商入口即无法参与。

（二）**跨境电商客户管理与营销**

跨境电商 B2C 商家可以针对诚信并且有购买力的优质历史买家进行二次营销，提升销量。一方面卖家可以通过平台功能模块或者第三方工具，收集买家信息，包括买家采购的次数、金额、所在国家、最近一次采购时间等信息，以便更好地跟进和服务买家；另一方面，卖家可以通过系统邮件、定向优惠券等方式进行二次营销。

商家可以对客户进行分组后再进行定向营销，例如，针对特定分组发送营销邮件，发放优惠券/优惠码等，也可以针对活跃老客户人群、店铺粉丝、领券人群、潜力访客、收藏人群等不同人群设置不同的场景营销计划，从而实现更加精准的营销推广效果。

（三）**跨境电商引流工具**

跨境电商引流手段主要包括搜索营销（Search Engine Marketing，SEM）、社交媒体营销（Social Networking Services，SNS）、邮件营销（Email Direct Marketing，EDM）等。通常跨境电商 B2C 第三方平台会提供付费的站内营销引流工具，例如，速卖通的直通车、亚马逊的展示广告、Wish 平台的 PB 计划等，也提供站外引流工具，如速卖通的联盟营销、星合

（站外引流）等付费推广工具。

1. 直通车

直通车是速卖通平台提供的付费站内引流工具，跨境电商 B2C 商家通过关键词实时竞价，提升商品信息的排名，通过增加商品曝光度来吸引潜在买家。速卖通直通车采用点击后付费模式，为付费商家提供更优质展示位和更加精准的流量，引流数据可监测，预算成本可控制。直通车推广方式分为重点推广、快捷推广、智能推广和全店管家。

（1）重点推广

单独选品，独有创意推广功能。一个推广计划可以同时选择多款商品，每款商品最多匹配 200 多个关键词，优词可根据调价首页展示，良词可展示在底部广告位。

优点：精准推广，精准推品。充分发挥利润款、销量款的价值，精准打造爆款。

（2）智能推广

智能推广适用于测试商品市场热度，挖掘潜力爆品。买家需要选择要推广的商品，一般不超过 10 个为佳。无须匹配关键词，设置每日消耗上限（最低 30 元）和广告出价费用即可进行推广。系统将根据商家出价进行智能调整，商品组中的每个商品获得均衡曝光流量，测试商品市场热度，快速掌握测款数据。

优点：操作简单，可选择商品做推广，目的性较强，用于测款、挖掘潜力爆款，是个不错的推广渠道。

（3）快捷推广

批量选品选词，打包推广类似商品。一个推广计划可同时选择多款商品进行推广（一般建议商品数少于 10 个）。批量添加关键词，商品和关键词无须一一对应，系统会择优对相关性强的推广商品和关键词建立绑定关系，可设置单个词出价，也可批量调价。

优点：操作简单，可选择商品做推广，自主选词，可以观察、分析各个商品的词的数据表现，自主性强。

（4）全店管家

除了独立设置推广计划外的全店商品，全店管家可一键加入托管，商品托管结合平台大数据和智能化能力，以高性价比获取流量。

2. 联盟营销

联盟营销是速卖通平台为商家提供的站外引流商品，按成交计费（CPS）。商家参加联盟营销，联盟会将店铺商品投放到 App、社交、导购网站等站外渠道进行推广，若有买家通过联盟营销的链接进入店铺购买商品并交易成功，商家需要支付佣金给联盟。

商家加入联盟营销需重点关注以下信息：

（1）商家支付佣金 = 商品实际成交价格（不包含运费或其他第三方服务商费用）× 商品佣金比率，佣金是在订单交易成功（确认收货）时从您店铺绑定的支付宝中扣除的。

（2）商家加入联盟推广默认全店商品参加，无法选择某一商品参加或者不参加。

（3）商家可针对不同商品设置不同佣金比率，未设置佣金比率的商品，将默认按照该商品对应类目下的标准佣金比例计算佣金。

3. 粉丝营销

Feed 频道是 AliExpress 平台为广大卖家提供的粉丝营销阵地，类似淘宝微淘，关注店铺的买家可以收到卖家发布的动态信息。Feed 频道有两个阵地：一个是 App 首页频道，入口在 App 首屏的重要位置，如图 5-2 所示；另一个是店铺内的 Feed 阵地，如图 5-3 所示。

Feed 频道内容分为关注（Following）和发现（Inspiration）两部分内容，进入 Following 板块，用户可以查看关注店铺的内容动态，Inspiration 的内容是根据用户喜好做的个性化推荐，如图 5-4 所示。

图 5-2　App 首页频道　　　　图 5-3　Feed 阵地　　　　图 5-4　Feed 频道内容

4. 直播

近年来直播带货行业急速发展，速卖通于 2019 年启动直播版。速卖通店铺的直播权限都必须经过卖家申请，金银牌速卖通卖家已经在 2019 年 10 月 9 日统一开通直播权限，非金银牌的商家在链接里填写申请信息，平台会在 3～5 个工作日开通直播权限。目前速卖通直播有以下 3 种模式。

商家直播：商家申请直播权限后，可以在直播后台创建直播间，但不能用中文直播，需要根据所选目标国用对应的语言直播。

达人直播：商家如果没有外语直播的能力，可以在任务平台上发起直播任务，让平台有直播权限的达人帮你做直播，但需要给海外的达人寄样。

合作网红：如果跨境电商商家有经常在站外合作的网红，可以将网红引入到 AE connect 平台注册为速卖通的达人，平台可以给达人开通直播权限，这样就可以让网红既能在站外直播，又能在 AE connect 平台直播了。

对于跨境卖家来说，通过直播能了解到消费者最真实的想法，适时地接收到来自这些用户的评论和问题，有利于在品牌与用户之间建立起一个牢固而有效的桥梁，让消费者有更多的直观感受。

5. 星合计划

星合是 AliExpress 面向商家站外营销的广告平台，可投放 Facebook、Google 等全球头部媒体渠道，集阿里巴巴和各大国际互联网巨头的大数据、算法、人群匹配能力于一身，助力商家增长、提升站外广告投放效率。

三、跨境电商营销策略

(一)选品策略

1. 重视调研

首先要了解商品标识符。要了解标识符所代表的信息。它们用的是UPC(12位条形码)、EAN(13位条形码)、ISBN(书籍专用,12位条形码)还是ASIN(亚马逊12位条形码)?其次是衡量产品状况。基本的分析包括了解有多少卖家供应这款商品?它有多少条评论或销售历史记录? Google Trends 和 Google 关键字规划师这两款免费工具提供了每月搜索量数据和平均每次点击费用,有助于了解不同时间特定搜索词的热门程度。最后是了解商品在相关平台上的表现。对于亚马逊平台,花点时间查看评论数量、评分、卖家数量、是否是亚马逊自营、商品是否有FBA(这往往表示商品的需求量较大)。对于eBay平台,应考虑和能够提供商品月销售量的服务商合作。

2. 关注细分商品分类和利基商品

利基商品(Niche Product),受众群不会很多,因为传统市场未能满足他们的需求,应运而生的小众商品即利基商品,它有不错的利润点。相对它的市场叫利基市场(Niche Market)。利基商品,虽然客户群小众,但是需求一定不低,有相对的竞争度,也是社交平台或者论坛网站关注讨论的焦点,能够在网上很容易找到目标客户,比如大码服装、左撇子专用商品等。

3. 充分了解你的目标市场

不管是欧美市场、东南亚市场还是中东市场,它们各自的需求都是不同的。比如数据线、移动电源基本在每个国家每个电商平台都是热销商品,重点在于,在美国和西欧主流国家有相当一部分比拼的是品牌和品质,欧洲二线国家市场比拼的是性价比,而东南亚比拼的是价格。 所以目标市场人群分析、商品定价都是选品阶段要考虑的重要因素。

4. 善于发现商品趋势

平日里要多关注一些社交网站、流行博客等,以便掌握最新商品动态。例如,众所周知的 Pinterest 等专注分享的社交网站就含有很多流行的商品信息。

5. 规避专利侵权

跨境卖家一定要把知识产权问题重视起来,只有提高知识产权保护意识,才能走得更远。

(二)定价策略

电商卖家使用的三种商品定价策略为:基于成本的定价、基于竞争对手的定价和基于商品价值的定价。

1. 基于成本的定价

这可能是零售行业最受欢迎的定价模式。其最大的优点就是简单。一家商店,无论是实体店还是电商店铺,用不着进行大量的顾客或市场调查就可以直接设定价格,并确保每个销售商品的最低回报。其计算方式为:成本+期望的利润额=价格。

2. 基于竞争对手的定价

这种策略需"监控"直接竞争对手对特定商品收取的价格,并设置与其相对应的价格。

3. 基于商品价值的定价

这种策略需要进行市场研究和顾客分析,需要了解最佳受众群体的关键特征,考虑他们购买的原因,了解哪些商品功能对他们来说是最重要的,并且知道价格因素在他们的购买过程中占了多大的比重。换句话说，在这种策略下，商品价格是以顾客的感知价值为基础的。

四、跨境电商营销手段的组合应用

店铺上新后，如何让其快速动销起来是每一位运营人员需要考虑的问题。新品上架之后除了要有稳定流量，还要有一系列营销活动作为辅助手段推进才能实现快速出单。

（一）站内免费推广手段

1. 搭配套餐

店铺活动中的搭配套餐是一个快速实现动销的不错方法。这是从 A 商品到 B 商品引流的常用工具。假设商家有新品上架（B 商品），那么商家可以找一个店铺内的爆款（A 商品），把 B 商品加入到 A 商品的搭配套餐内。因此商家在用工具搭配套餐方法时，一定要有让利措施。

2. 老客户营销

打开速卖通后台，在"营销活动"—"客户管理与营销"里，单击"客户管理"，选择场景营销（图 5-5），可以使用系统之智能推荐的活跃老客户群或者自定义营销计划。

商家可以向筛选出来的活跃老客户发站内信推广新品，附赠无门槛定向优惠券。如果买家购买新品，对于商家而言只是多寄一件商品出去，这种营销方式起码节省了运费首重，同时也是降低运费成本的方式。对于买家而言，如果用少量的钱可以买到新品，自然是愿意尝试的。

需要注意的是时间段的选择，不建议选择 180 天以上，因为时间越久，筛选的用户越多，营销目标越不精准，考虑到新品快速出单的需要，时间筛选上建议 30 天内，冲着出单，营销的用户对象在精不在多，当然又精又多最好。

图 5-5 速卖通场景营销

3. 试用频道

店铺上新后，可以报名平台活动的试用频道 Freebies，通过试用活动使得新品的流量得到大幅度提升。

4. 速卖通粉丝内容营销

速卖通粉丝内容营销，可以撰写不同类型的主题帖子。因为其目的是让新品快速出单，所以可以撰写新帖和粉丝专享帖。前者可重点以近期上新商品的某类细节特点为主题来打造一篇宣传推广文，当然重点宣传的肯定是优化要出单，而粉丝专享帖的撰写，需要先圈定商品，商品可以精心选择三到四款，保持推广的重点对象不至分散，其次再圈定设置的粉丝优惠券，再利用"店铺互动活动"吸引更多人关注、单击、参与互动。只有让用户感觉你的内容有意向、有想参与感，营销成功的概率才会大。

（二）付费推广工具组合使用

1. 联盟营销

速卖通联盟营销，作为一项站外引流、按成交付费的工具，其对于店铺流量贡献、促成交易起着非常重要的作用。应季新品前期可以采取激进＋后期保守佣金策略。前期采用激进的佣金策略时可利用联盟来测款，参考佣金30%及以上。每周关注推广数据，有效果之后可酌情调整佣金，同时用站内关键词竞争和其他营销活动等方式补足流量。值得注意的是，参加联盟营销必须是整店所有商品参加的，卖家一旦加入联盟，那么整店所有商品都变成联盟商品，如果想重点推广部分商品，可以将它们设置为主推品。

2. 直通车推广

店铺新品要曝光，想要被更多人单击访问，除了自身对标题、属性、营销信息准确把握外，最有效、最能掌握的就是直通车推广。直通车推广要想达到好的引流效果，必须先在选品上慎重考虑。

推广时可制订两个重点推广计划，即推店内引流款和潜力款，快捷推广计划针对新款进行。前者以流量提升为目的，后期通过对计划的诊断与优化调整，同时依据用户反馈结合营销进行微调，后者以加购加收藏数据作为观察对象，以四周为期进行。因此若是想推新季商品，最好在季节转换前一个月进行选款并开始推广。

利用烧词工具加词时，可以多加些词，但务必保证词与商品的关联性，特别要注意的是词与商品的描述一致性。可以持续推两周，再针对直通车进行优化与调整。

直通车推广过程中需要跟进。如果直通车消耗过快，而账号里显示的转化数据过低时，则先从"推广计划"中确定"主要消耗计划"，再确定"主要消耗商品"，然后从"词报告"中找到消耗多的词，看其转化数据与消耗情况。若这个词是大词、热门词，可以适当降低出价，针对其他在推的有单击的词提高价格，另外还要再添加更多精准词。若直通车消耗慢，可以提高出价，同时开启或提高商品推荐投放。

3. 达人合作

这种方式见效比较快，而且相对应的社群人员也更集中。比如用无忧发货到俄罗斯，在运费较便宜的情况下，可以寻找只针对俄罗斯的网红，让他们使用社交软件做网红推广，促成的订单大部分是俄罗斯客户，且运费成本是可估的。

总而言之，跨境电商店铺上新时期的推广策略就是先把店铺活动营销用起来，提升转化率，同时结合试用频道、直通车、联盟营销、达人合作等方式引流，快速积累销量，等有了一定的销量，也可以参加速卖通平台的活动，继续大量引流。实际上，上新的过程也是"流量引导"的过程，整个店铺流量表现会随着不同商品上传数量而发生变化。上新是店铺运营的日常工作，建议卖家每天至少坚持上传3款商品。

卖家在每日上新品的过程中，可以看看货源是否合适，商品的销量怎么样，运营思路是否适合自己的店铺。一般而言，新店有1至3个月的成长期，所以卖家在前期可利用基础销售计划，免费铺设商品线。在店铺成长期内，及时调整选品方向和货源问题，逐渐形成完整的商品线，而后再放开推广。

操作示范

工作任务 1：店铺活动营销

小王决定首先采用店铺活动工具对店铺新品进行营销推广，他首先选择的是单品折扣工具和满减工具。

1. 单品折扣

[Step1] 创建单品折扣活动。

单击"营销活动"—"店铺活动"—"单品折扣"，就可以直接创建单品折扣活动，如图5-6所示。

图 5-6　速卖通店铺活动入口

[Step2] 设置活动基本信息。

在打开的界面中设置活动基本信息，如活动名称、活动起止时间等，如图5-7所示。

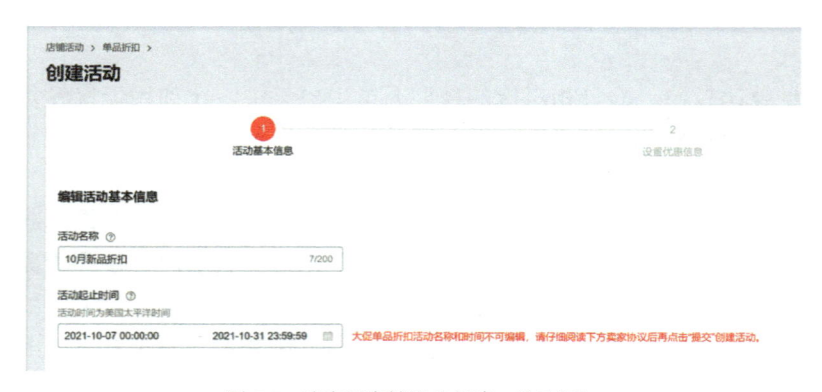

图 5-7　速卖通店铺活动创建：单品折扣

[Step3] 活动优惠信息设置。

速卖通支持单个商品、根据营销分组、表格导入形式设置，我们可筛选全部已选商品和未设置优惠商品。另外，速读通支持通过商品id搜索。

[Step4]
单击"保存并返回"按钮即完成创建活动,等活动开始后即时生效。

2. 满减活动

[Step1] 创建单品折扣活动。

单击"营销活动"—"店铺活动"—"满减活动",就可以直接创建满减活动,如图5-8所示。

图5-8 速卖通店铺活动入口

[Step2] 设置活动基本信息。

在打开的界面中,设置活动基本信息,如活动名称、活动类型等,如图5-9所示。

图5-9 速卖通店铺活动创建:满减活动

[Step3] 选择商品。

每次最多可以选择 200 件商品；选择次数不限；最多可以导入 10000 个商品。

工作任务 2：直通车引流

小王创建店铺活动之后，紧接着通过速卖通站内付费引流工具——直通车进行引流。

[Step1] 创建直通车推广任务。

单击"营销活动"—"直通车"，就可以直接创建直通车推广计划，如图 5-10 所示。

图 5-10　速卖通直通车入口

[Step2] 新增推广计划。

依次单击"营销活动"—"直通车"—"新增推广计划"，如图 5-11 所示。

图 5-11　推广计划入口

[Step3] 添加推广商品。

根据后台商品数据，选定推广商品，制订商品推广方案，如图 5-12 所示。

项目五　跨境电商营销推广

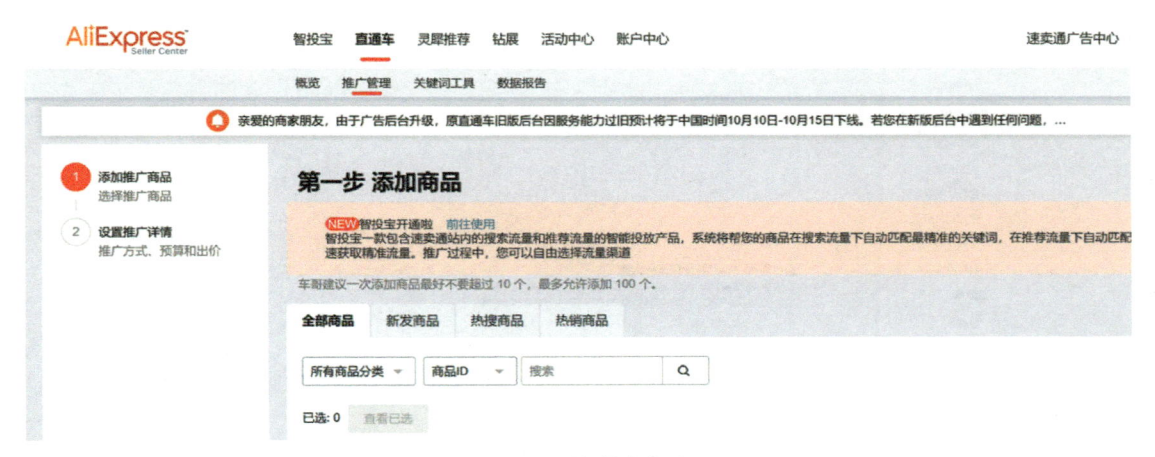

图 5-12　添加推广商品

[Step4] 设置推广详情。

根据商品推广方案、预算，设置商品推广详情，并单击"提交，推广"按钮，如图 5-13 所示。

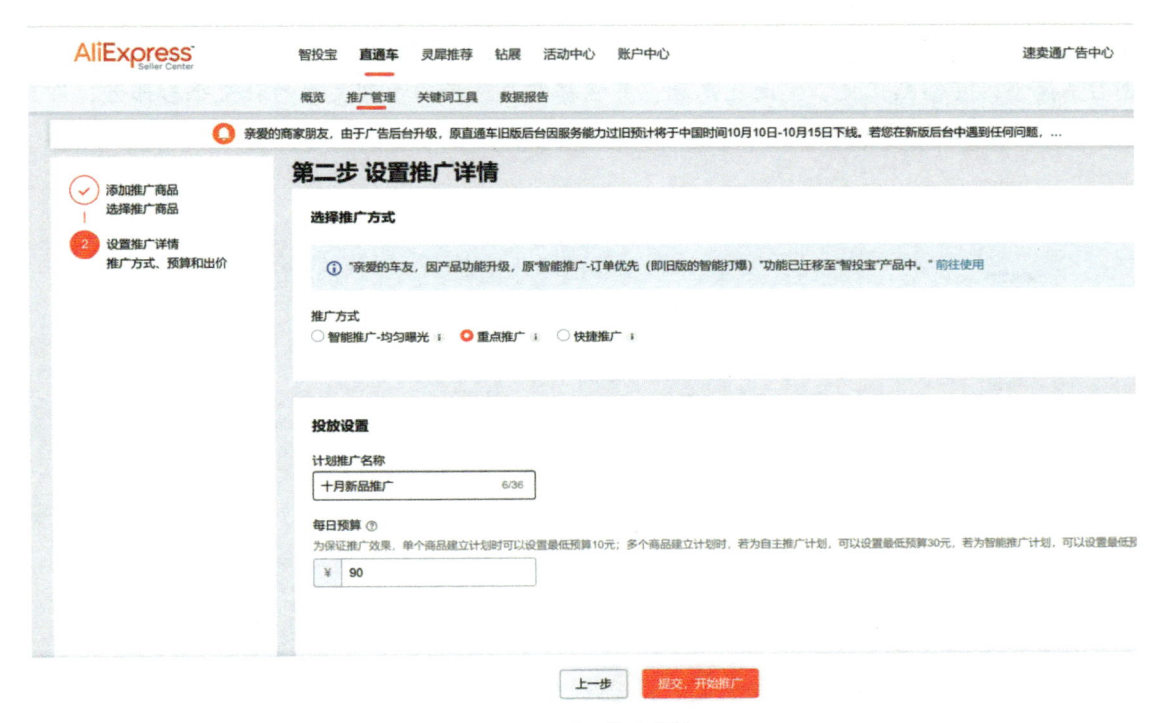

图 5-13　设置推广详情

工作任务 3：粉丝营销

针对上新的商品，小王在使用店铺活动工具和直通车推广工具的同时，开启粉丝营销模式。

[Step1] 依次单击"营销活动"—"内容营销"—"粉丝营销"，就可以直接进入粉丝营销操作后台，如图 5-14 所示。

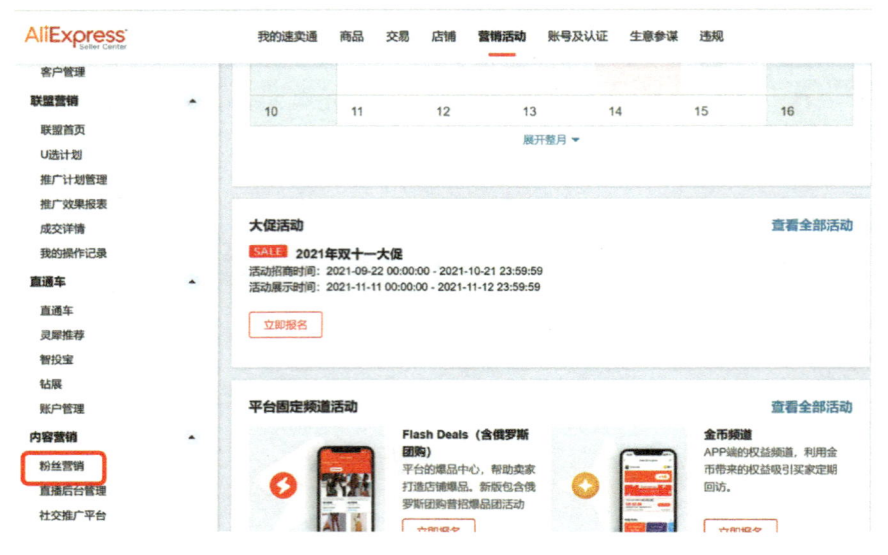

图 5-14　速卖通粉丝营销入口

[Step2] 单击"发图片帖/短视频帖"或"转发买家秀",根据粉丝营销任务,依次添加图片/视频、营销帖正文、定向优惠券,并根据需要选择同步到关联的社交平台账号,即可完成发布,如图 5-15 所示。

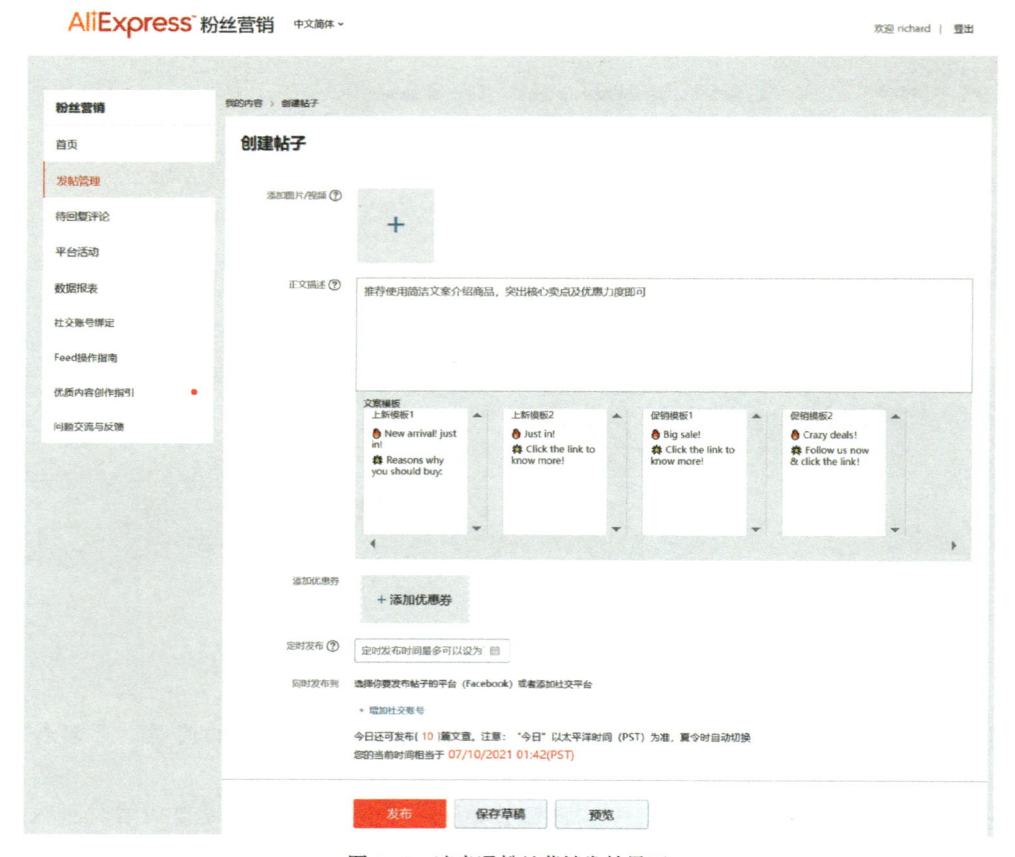

图 5-15　速卖通粉丝营销发帖界面

工作任务4：平台活动

公司的速卖通店铺在运营人员小王的努力下，渐渐有了起色，于是小王决定试试平台活动。

[Step1]
在"营销活动"——"平台活动"中选择活动进行报名，如图5-16所示。

图5-16　速卖通平台活动入口

[Step2]
找到想要参加的活动，在页面右侧单击"立即报名"。

[Step3]
添加要报名活动的商品，设置活动基本信息（含折扣率、库存等），如图5-17所示。

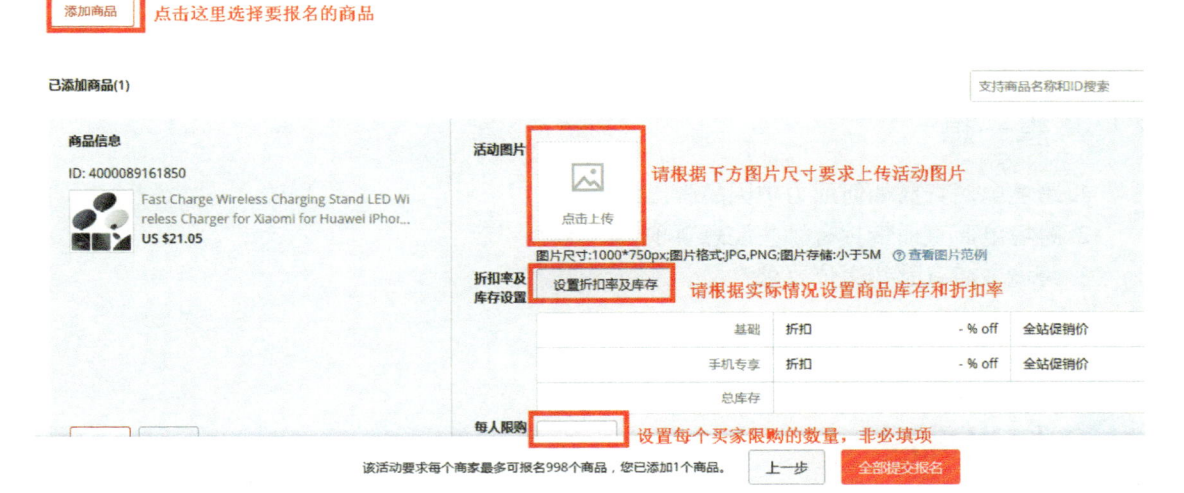

图5-17　速卖通平台活动创建界面

[Step4]
设置完毕后，单击下方"全部提交报名"按钮，等待活动审核。

思政园地

"洋主播"比拼直播带"国货"

（杭州日报讯）日前，第二届"扬帆起杭"全球跨境电商创业创新大赛的直播赛道"Super StarT"速卖通全球红人主播挑战赛结束了四分之一决赛，8位外籍主播脱颖而出，他们即将在半决赛中角逐4个决赛资格。

用"家乡话"推广中国制造

来自哥伦比亚的Felix非常喜欢中国，对主播这一行业抱有热情和信心，他最擅长推荐电子科技品类和时尚品类的商品。"我非常重视这个比赛，观看了所有参赛选手的直播回放，吸收他们的亮点，改进自己的不足。"

来自西萨摩亚的Tai也直白地表达了自己对于这份事业的热情，"我爱中国，因为在这里，我找到了自己最美的样子。我将继续热爱跨境直播，因为它带给了我无限的快乐。"

此次大赛主要面向在华外国留学生、全球青年等群体，收到来自近120个国家和地区的1495人报名，其中直播赛道近1000人。他们大多精通英语、法语、西班牙语等语言，面对镜头自信大方，善于沟通，勇于挑战自我。

"洋主播"需求热

直播电商的种子，已经在全世界发芽。亚马逊、全球速卖通、阿里巴巴国际站、Shopee、Lazada等平台相继加大对跨境电商直播的支持和投入，也催生了"洋主播"这个新职业。"现在俄语、西班牙语等小语种主播十分稀缺，一些MCN机构开出兼职月薪万元都难以招到合适的人选，会外语的中国主播也很抢手。"一位跨境电商卖家透露。

资源来源：杭州政协新闻网。

想一想

1. 跨境电商直播如何助力中国品牌出海？
2. 跨境电商直播带货有哪些注意事项？
3. 跨境主播有哪些岗位要求？

知识巩固

一、选择题（不定项选择题）

1. 店铺自主营销有哪几种活动形式？（　　）
A. 单品折扣

B. 满减活动

C. 店铺优惠券

D. 店铺优惠码

2. 下列哪项关于满减活动的说法是正确的？（　　）

A. 订单金额包含商品价格（不含运费）

B. 满减活动包括满包邮和满件减

C. 满减活动开始前 2 小时即进入锁定状态

D. 同一展示时间内，针对同一个商品，仅支持设置一种包邮活动

3. 关于互动活动哪些描述是正确的？（　　）

A. 互动游戏包括"翻牌子""打泡泡""收藏有礼"三种

B. 互动活动配置的个数都不限制

C. 互动游戏中"打泡泡"买家每次可以打泡泡的个数不限

D. 创建好的互动活动配置在活动结束前都可以修改

4. 设置店铺优惠券有哪些好处？（　　）

A. 提升店铺购买率

B. 商品详情页面标识吸引买家

C. 巩固老买家黏度

D. 刺激买家下单，提升客单价

5. 关于店铺优惠券的说法哪些是正确的？（　　）

A. 粉丝专享券可以在商品详情页看见

B. 优惠券有领取型、定向发放型、互动型

C. 目前暂时不支持针对俄罗斯用户设置国家优惠券

D. 在粉丝营销中，商家发帖时添加优惠券，买家可在 Feed 看到并领取

6. 关于搭配套餐的说法中正确的是（　　）。

A. 搭配套餐活动属于组合销售法

B. 搭配套餐价不可大于商品原价

C. 创建好的搭配套餐无法编辑或删除

D. 一个套餐里可以有一个主商品和多个搭配商品，搭配商品不超过 5 个

7. 平台活动的选品选择包括哪些内容？（　　）

A. 商品转化率

B. 近期商品出单量

C. 报名折扣符合活动要求

D. 商品好评率

8. 平台活动包括以下哪些内容？（　　）

A. Flash Deal

B. 试用频道

C. Super Deals

D. 平台大促

二、判断题

（　　）1. 一个商品作为主商品，最多只能创建 3 个搭配套餐。
（　　）2. 店铺优惠券和单品折扣可以叠加使用。
（　　）3. 满减活动的开始时间是美国时间。
（　　）4. 设置单品打折可以在买家搜索页面 sales item 获得额外搜索曝光。
（　　）5. 直通车可以用来推新款和打造爆款。
（　　）6. 价格优势不明显会影响平台活动的录取。
（　　）7. 成本定价法是最为科学的定价方法。
（　　）8. 除了大促之外，单品折扣商品是可以编辑的。
（　　）9. 店铺优惠券一旦创建即无法更改。
（　　）10. 平台活动是跨境电商平台的流量集中地。

操作技能训练

工作项目一

请分组体验单品折扣、满减活动、店铺优惠券、店铺优惠码、搭配活动、互动活动等速卖通店铺活动的创建。

工作项目二

假设你是一家教玩具工厂的跨境电商运营人员，公司近期要推广一款新品，请你结合本项目所学知识，选择使用店铺营销和引流工具，制订一份新品推广方案。

项目六

跨境物流操作

项目目标

知识目标
※ 掌握邮政物流、专线物流、商业快递、海外仓等多种物流方式的含义。
※ 掌握不同物流方式的优缺点。
※ 掌握跨境电商平台运费模板的内容。

能力目标
※ 能结合订单商品体积重量和订单运达目的国等信息，设计跨境物流方案，合理选择跨境物流方式。
※ 能完成不同物流方式的运费模板设置操作。
※ 能够根据订单情况，正确计算运费。

思政与素质目标
※ 培养学生的信息收集与分析能力。
※ 培养学生认真仔细的工作作风。
※ 培养学生对比分析能力。

项目导入

浙江致远电子商务有限公司在2018年1月份新开了一家速卖通店铺，运营的类目是五金卫浴商品。经过跨境电商运营人员小王的努力，店铺订单量日渐增加，那么小王该如何根据不同的目的地、商品的基本情况和买家的要求来安排物流，才能既安全、高效又节约运输成本呢？

项目分析

在消费者完成交易支付，订单产生后，需要商家把货从商家仓库寄送至海外消费者手中，业务链路长，复杂度高，跨境电商商家需要选择合适的物流商和物流方案才能为买家提供最优的物流服务。该项目以 B2C 平台速卖通店铺后台的物流操作为例，小王需要了解速卖通物流服务商、物流方案、物流模板、发货操作和物流订单管理。

小王的主要任务有以下几个。

工作任务 1：设置运费模板

进入跨境电商后台（以速卖通为例），请根据店铺商品特点选择物流方式，并完成相应的运费模板设置。

工作任务 2：线上发货操作

进入跨境电商后台（以速卖通为例），请完成线上俄罗斯订单发货操作。

知识导入

一、跨境电商物流方式

跨境电商物流方式有很多种，跨境电商卖家可以在设置运费模板时自行选择想要使用的物流方式。以速卖通平台为例，该平台主要支持经济类物流、简易类物流、标准类物流、快速类物流和海外仓物流。

跨境电商物流介绍

（一）经济类物流

经济类物流运费成本低，目的国包裹妥投信息不可查询，适合运送货值低、重量轻的商品。速卖通经济类物流仅允许使用线上发货，其汇总表如表 6-1 所示。下面针对部分物流进行介绍。

表6-1 速卖通经济类物流汇总表

线路展示名称（中）	填写发货通知 API Service Name	是否支持 填写发货通知	是否支持 设置运费模板	是否支持 线上发货
菜鸟超级经济	CAINIAO_SUPER_ECONOMY	√	√	√
菜鸟特货专线—超级经济	CAINIAO_SUPER_ECONOMY_SG	√	√	√
菜鸟专线经济	CAINIAO_EXPEDITED_ECONOMY	√	√	√
中国邮政平常小包 +	YANWEN_JYT	√	√	√
4PX 新邮经济小包	SGP_OMP	√	√	√
中外运 - 西邮经济小包	SINOTRANS_PY	√	√	√
顺丰国际经济小包	SF_EPARCEL_OM	√	√	√
菜鸟超级经济 - 顺友	SUNYOU_ECONOMY	√	√	√
菜鸟超级经济 - 燕文	YANWEN_ECONOMY	√	√	√

1. 菜鸟超级经济

菜鸟超级经济（Cainiao Super Economy）是菜鸟网络与目的国邮政联合推出的优质物流服务，是针对 2kg 以下小件物品推出的经济类邮政产品，目前只运送到俄罗斯、白俄罗斯、乌克兰（以下简称俄向）；保加利亚、克罗地亚、捷克、爱沙尼亚、法国、德国、英国、匈牙利、意大利、拉脱维亚、立陶宛、荷兰、波兰、葡萄牙、罗马尼亚、斯洛伐克、斯洛文尼亚、比利时、奥地利、塞浦路斯、丹麦、芬兰、希腊、爱尔兰、卢森堡、马耳他、瑞典（以下简称欧向）；哈萨克斯坦、马其顿、塞尔维亚、土耳其（以下简称其他）；美国，限 2 美元（俄向）/5 美元（欧向）/5 美元（美国、其他）以下订单使用。

菜鸟网络与优质物流商及目的国邮政合作，采用稳定干线资源运输，快速运输到目的国，由当地的邮政进行邮政清关及配送。正常情况下 35~45 天可以实现俄罗斯大部分地区妥投，25~35 天可以实现乌克兰和白俄罗斯大部分地区妥投，35~55 天可以实现欧向大部分地区妥投，40~50 天可以实现其他国家妥投。菜鸟超级经济按克计费，无首重限制，适合货值低、重量轻的物品。

2. 中国邮政平常小包+

中国邮政平常小包+（China Post Ordinary Small Packet Plus）是中国邮政针对订单金额 5 美元以下、重量 2kg 以下小件物品推出的空邮产品，简称中邮平邮小包，运送范围通达全球 77 个国家和地区。

邮政小包物流

中国邮政平常小包+适合货值低、重量轻的物品（仅 5 美元以下订单可使用）；可提供国内段邮件的收寄、封发、计划交航等信息，平台网规认可使用（部分仓库发往某些国家不能提供这三个节点信息）。运费根据包裹重量按克计费，30g 及以下的包裹按照 30g 的标准计算运费，30g 以上的包裹按照实际重量计算运费。每个单件包裹限重在 2kg 以内，免挂号费。

（二）简易类物流

简易类物流主要是指邮政简易挂号服务，可查询包含妥投或买家签收在内的关键环节物流追踪信息。速卖通简易类物流汇总表如表 6-2 所示。

表6-2　速卖通简易类物流汇总表

线路展示名称（中）	填写发货通知 API Service Name	是否支持填写发货通知	是否支持设置运费模板	是否支持线上发货
AliExpress 无忧物流 - 简易	CAINIAO_ECONOMY	√	√	√
菜鸟特货专线—简易	CAINIAO_ECONOMY_SG	√	√	√

（三）标准类物流

标准类物流包含邮政挂号服务和专线类服务，全程物流追踪信息可查询。速卖通标准类物流部分汇总表如表 6-3 所示。下面针对部分物流进行介绍。

表6-3　速卖通标准类物流（部分）汇总表

线路展示名称（中）	填写发货通知 API Service Name	是否支持填写发货通知	是否支持设置运费模板	是否支持线上发货
AliExpress 无忧物流 - 标准	CAINIAO_STANDARD	√	√	√

续表

线路展示名称（中）	填写发货通知 API Service Name	是否支持填写发货通知	是否支持设置运费模板	是否支持线上发货
AliExpress 无忧物流 - 自提	CAINIAO_STATION	√	√	√
无忧集运 - 沙特	CAINIAO_CONSOLIDATION_SA	√	√	√
无忧集运 - 阿联酋	CAINIAO_CONSOLIDATION_AE	√	√	√
菜鸟特货专线—标准	CAINIAO_STANDARD_SG	√	√	√
139 俄罗斯专线	ECONOMIC139	√	√	×
递四方专线小包	FOURPX_RM	√	×	×
中东专线	ARAMEX	√	√	√
中国邮政挂号小包	CPAM	√	√	√
中国邮政大包	CPAP	√	√	×
中外运西邮标准小包	SINOTRANS_AM	√	√	√
中邮 e 邮宝	EMS_ZX_ZX_US	√	√	√
芬兰邮政挂号小包	ITELLA	√	√	√
中俄航空 Ruston	CPAM_HRB	√	√	√
顺丰国际挂号小包	SF_EPARCEL	√	√	×
新加坡邮政挂号小包	SGP	√	√	√
燕文航空挂号小包	YANWEN_AM	√	√	√

1. 中国邮政挂号小包

中国邮政挂号小包（China Post Registered Air Mail）是中国邮政针对 2kg 以下小件物品推出的空邮产品，简称中邮挂号小包，运送范围为全球 85 个国家及地区。中国邮政挂号小包运费根据包裹重量按克计费，1g 起重。每个单件包裹限重在 2kg 以内。中邮平邮小包和中邮挂号小包的对比如表 6-4 所示。

表6–4　中邮平邮小包和中邮挂号小包的对比

		中邮平邮小包	中邮挂号小包
相同点	尺寸要求	非圆筒货物：长 + 宽 + 高≤ 90cm，单边长度≤ 60cm，长度≥14cm，宽度≥9cm；圆筒形货物：直径的两倍 + 长度≤ 104cm，单边长度≤ 90cm，直径的两倍 + 长度≥17cm，长度≥10cm	
	重量要求	重量不超过 2kg；	
	禁发货物	违禁品；液体、带电物体	
	时效	正常情况的时效为 16～35 工作日左右到达目的地；特殊情况的时效为 35～60 工作日到达目的地，特殊情况包括：节假日、政策调整、偏远地区等 在俄罗斯、巴西等国家超过 60～90 天才显示买家签收都属于正常现象	

项目六　跨境物流操作

续表

		中邮平邮小包	中邮挂号小包
不同点	通关能力	以个人物品方式出境，出口清关不会产生关税或清关费用，但在目的地国家进口时有可能产生进口关税，能最大限度地节省关税	
	物品金额	7美元以下物品	
	配送国家	支持发往全球绝大多数地区，范围涉及217国家，基本上只要有邮局的国家都可以通邮	
	跟踪信息查询	可提供国内段追踪信息，但不提供交航之后的追踪信息	全程可跟踪查询 网址为：https://www.17track.net
	是否收取挂号费	否	是
		首重100g续重1g计费，首重最低5元即可发到国外	挂号服务费率稍高，资费标准参照中国邮政官网

2. AliExpress 无忧物流 – 标准

（1）线路介绍

Aliexpress 无忧物流-标准（AliExpress Standard Shipping）是菜鸟网络推出的优质物流服务，为速卖通卖家提供国内揽收、国际配送、物流详情追踪、物流纠纷处理、售后赔付一站式的物流解决方案。核心国家预估时效16~35天。卖家使用该物流方式时，发生物流纠纷无须卖家响应，直接由平台介入核实物流问题并判责。因物流原因导致的纠纷、DSR低分不计入卖家账号考核。多个城市提供上门揽收服务，物流原因导致的纠纷退款，由平台承担，基础赔付上限300元人民币。如果卖家购买货值保障升级服务的订单，因物流原因导致的纠纷退款享货值保障升级服务。

（2）计费方式

小包1g起重，按克计费。大包，实际重量与体积重之间取大值计重，体积重：长（cm）×宽（cm）×高（cm）/8000。欧向25国1g起重，按g计费；其余国家，0.5kg起重，每500g计费。小包普货、小包非普货及大包计费标准不同，部分国家不支持寄送大包货物。

小包：包裹申报重量≤2kg，且包裹实际重量≤2kg，且包裹单边长度≤60cm，且包裹长+宽+高≤90cm。

大包：包裹申报重量＞2kg，或包裹实际重量＞2kg，或包裹单边长度＞60cm，或包裹长+宽+高＞90cm。

3. 中邮e邮宝（ePacket）

中国邮政速递物流国际e邮宝（简称中邮e邮宝）是中国邮政速递物流为适应跨境电商轻小件物品寄递市场需要推出的经济型国际速递业务，通过与境外邮政和电商平台合作，为中国跨境电商客户提供方便快捷、时效稳定、价格优惠、全程查询的寄递服务，目前可送达美国、俄罗斯、乌克兰、加拿大、英国、法国、澳大利

e邮宝物流

亚、挪威和沙特阿拉伯9个国家。运费根据包裹重量按克计费，美国、俄罗斯和乌克兰起重50g，其他路向起重1g，每个单件包裹限重在2kg以内。正常情况下，7~10个工作日左右到达目的地，俄罗斯、乌克兰、沙特阿拉伯7~15个工作日送达。

（四）快速类物流

快速类物流包含商业快递和邮政提供的快递服务，时效快、全程物流追踪信息可查询，适合高货值商品使用。速卖通快速类物流汇总表如表6-5所示。下面针对部分物流进行介绍。

表6-5 速卖通快速类物流汇总表

线路展示名称	填写发货通知 API Service Name	是否支持填写发货通知	是否支持设置运费模板	是否支持线上发货
AliExpress 无忧物流 - 优先	CAINIAO_PREMIUM	√	√	√
DHL	DHL	√	√	×
DPEX	TOLL	√	√	√
EMS	EMS	√	√	√
E 特快	E_EMS	√	√	√
GATI	GATI	√	√	√
中俄快递 -SPSR	SPSR_CN	√	√	×
顺丰速运	SF	√	√	√
新加坡邮政速递	SPEEDPOST	√	×	×
TNT	TNT	√	√	√
UPS 全球快捷	UPSE	√	√	√
UPS 全球速快	UPS	√	√	√
FeDex IE	FEDEX_IE	√	√	√
FeDex IP	FEDEX	√	√	√

1. AliExpress 无忧物流 – 优先

（1）线路介绍

AliExpress 无忧物流-优先（AliExpress Premium Shipping）是菜鸟网络推出的优质物流服务，为速卖通卖家提供国内揽收、国际配送、物流详情追踪、物流纠纷处理、售后赔付一站式的物流解决方案，核心国家预估时效 16～35 天。

深圳、广州、义乌等重点城市提供免费上门揽收服务。物流纠纷无须卖家响应，直接由平台介入核实物流问题并判责。因物流原因导致的纠纷、DSR 低分不计入卖家账号考核。多个城市提供上门揽收服务，非揽收区域卖家可自行寄送至揽收仓库。因物流原因导致的纠纷退款，由平台承担，赔付上限 1200 元人民币。

（2）运送范围及价格

AliExpress 无忧物流-优先可运送全球 176 个国家及地区。

俄罗斯：首重 100g，续重 100g，最大重量支持 30kg，以实际重量计费（不收取燃油费）。

俄罗斯以外其他国家及地区：30kg 及以下，首重 500g，续重 500g；30～70kg 按千克计费。俄罗斯以外其他国家，以体积重和实际重量的较大者为计费重，体积重计算方式为：长（cm）×宽（cm）×高（cm）/5000，计算后的单位为kg（此报价不含燃油费，燃油费另外收取）。

2. E 特快

"E 特快（e-EMS）"服务由阿里巴巴物贸平台整合专业渠道服务商，为卖家提供专业的邮政产品服务，一期开通 14 个国家和区域。国际 E 特快运作模式与国际 E 邮宝类似，内部处理与标准国际 EMS 基本相同，国际 E 特快采取从传统的 500g 首重，500g 续重，调整为 50g 首重，50g 续重的计费模式，符合电商产品的特点，有效降低卖家的物流成本，提高产品的市场竞争力。

3. DPEX

DPEX 作为一家优秀的国际快件物流供应商，专注于传统 B2B 商业快件及电商 B2C 快件，为客户提供一站式物流服务及解决方案。它有近 30 年的发展历史，并在亚洲有着成熟完善的物流快递网络，多年来一直以"了解亚洲，服务亚洲"的服务宗旨为客户提供优良的快递服务。目前 DPEX 已从亚洲网络不断向世界其他各地拓展，目前除了亚洲以外，还开通了澳洲、中东、非洲、欧洲等专线业务。DPEX 服务目前支持澳洲、亚洲、中东、非洲及部分欧洲航线。

目前平台上发货目的地有 13 个：澳大利亚、孟加拉国、斯里兰卡、泰国、柬埔寨、印度、巴基斯坦、南非、新加坡、马来西亚、英国、新加坡、新西兰。在目的地国家无异常情况下一般 3~6 天可完成递送。除了澳大利亚和英国之外，其他目的国均为全境服务。澳大利亚标准服务覆盖六大洲和 2 个领地。英国标准服务覆盖整个不列颠岛，苏格兰和北爱尔兰均为偏远地区。超出标准服务区域会产生较高的偏远附加费，不建议选用。

（五）海外仓物流

1. 海外仓物流概述

海外仓是指在除了本国以外的其他国家建立仓库。海外仓服务是指由网络电商交易平台、物流服务商独立或共同为卖家在销售目标地提供货品仓储、分拣、包装、配送的一站式控制与管理服务。卖家将货物提前存储到当地仓库，当买家有需求时，第一时间做出快速响应，并及时进行货物的分拣、包装以及递送。

海外仓基本运作流程如图 6-1 所示。

图 6-1 海外仓基本运作流程

2. 海外仓的功能

随着跨境电商火爆，卖家对于海外仓的配套服务要求也不断提升，对便利高效的海外仓储物流需求逐年攀升。根据马斯洛需求理论，可以把卖家需求分为三个阶段：平原阶段—高地阶段—顶峰阶段（图 6-2）。

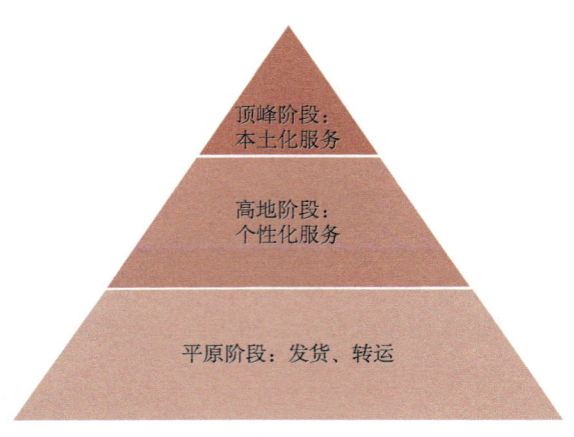

图 6-2 卖家需求的三个阶段

（1）平原阶段

平原阶段需求诸如 24 小时发货和 FBA 转运，现在的第三方海外仓都能满足。

（2）高地阶段

高地阶段的诉求主要围绕着退货、FBA 个性化服务、滞销处理、国内多网点揽收等问题。面对卖家的各种需求，很多海外仓在不断尝试解决这些问题，也取得了不少进展，但仍有很多需求难以攻坚，这就是让卖家与海外仓双方不满的重要因素。

（3）顶峰阶段

目前卖家对海外仓的顶峰需求是实现真正的本土化。据易仓科技数据显示 80% 卖家有本地数据调研需求、29% 卖家有本土工艺设计需求、25% 卖家有本地采购需求、11% 卖家有本地组装需求。卖家对海外仓的本地化服务需求具体如图 6-3 所示，这只是一个趋势，目前暂时还没有海外仓能够涉足。

物流服务	清关服务	销售支持	金融服务	海外推广	行政服务
头程集货+专线	进出口代理	买家直采	代收货款	土著地推	海外公司注册
海外仓配一体	商检服务	展示寄售	仓单质押	国外展会布置	商品品牌注册
转仓调拨	报关报税	质检及打码	保理业务	产品展示厅	税务VAT服务
退换货	产品归类	测试维修	库仓融资	媒体推广	法律制裁
换标及包装	WEEE等单证手续	退运服务	仓储金融	小语种推广	海外接待

图 6-3 海外仓的本地化服务

所以，海外仓不是在海外建一个仓库就好，而是以仓储为核心的综合物流配套体系，包括大宗货物运输、海内外贸易清关、精细化库存管理、个性化订单管理、包装配送及售后服务等，对经营海外仓的企业综合能力要求相当高。海外仓是欲做大跨境电商的必要优化，而杀手级应用则是出口运营本地化、进口供应链前置。

3. 海外仓模式的优劣势分析

（1）海外仓的优势

①扩大选品范围。海外仓拓展了跨境物流配送的适配性，拓宽了出口的品类。以前受到

体积或重量限制的商品，如家居、园艺、汽配等大件、重件目前也可以通过海外仓解决。同时，有些商品如烧烤炉、机电床、狗屋、家具等使用期很长，市场需求量大，零售价格和毛利都高的商品也可以借助海外仓直接销售给国外消费者。

②提高商品的售价，增加毛利。根据 eBay 报告数据显示，仓储在海外仓中的商品平均售价比直邮的同类商品单价高 30%。其原因主要是由于品类的扩大促进了销量的增加，发货速度快、售后服务好，得到国外买家的认可，从而让卖家摆脱恶性低价竞争。同时，卖家可以积累更多的资源去拓展市场，进一步扩大商品销售领域。

③降低跨境物流成本。头程运输中，可以通过海运集装箱运输货物，不仅能够克服单个商品走普通空运的限制，尤其是由于各种原因不能运输的物品，而且能借助规模效应，批量运至海外，有效降低物流成本。尾程运输的本地配送与国内快递类似，基于"爆品下沉"前置到仓，摊薄仓租，整体下来物流成本还是有优势的。

④加快物流时效。海外仓服务大大缩短了物流时间，减少买家物流纠纷，缩短货物回款周期。同时，海外仓服务减少订单响应及发货速度，提升物流配送品质和效率，使得各种规格的商品均能按时、保质完成配送。

⑤提升曝光率、订单转化，进一步增加销量。当地客户在购物时，一般会优先选择当地发货，以缩短收货时间，拥有海外仓库存，可以方便地更改物品所在地，轻松成为海外卖家。当买家在搜索商品时，位置在买家所在国的列表会比在其他地区的排名靠前，从而增加商品的曝光率，提升店铺的销量。

（2）海外仓的劣势

①海外仓成本费用较高。自建海外仓的成本与费用十分高昂。对于中小卖家来说，即使是选择第三方海外仓服务，其针对不同国家地区仓储及配送费用不同，头程运费、清关税费及配送费等收费也不相同，所以要做好分段核算物流成本费用的工作，否则可能导致费用更高。

②货物滞销的风险大。货物在海外仓必须有一定存量，货物一旦发出去就变成看不见摸不到的库存，过多的存货会占用企业大量现金流，这会让卖家有资金压力。只有在选品合适和运营顺畅的条件下，海外仓综合成本才会低。若选品出错，则付出代价会很大。订单太少导致平均仓租负担过高，轻小价低的商品不如直邮，一旦出现滞销更是每日贴钱。

③运营风险较高。海外仓是贸易出口＋境外本地运营，面临的各种风险更多。首先，商品是否符合进口国当地质量标准、是否侵权，此类情形很容易被海关查扣。如果因商品质量问题，引起客户投诉，仓库都可能遭到查封，那就血本无归，甚至殃及鱼池了。其次，入境关税及在线销售税 VAT 也是无法回避的问题。此外，除了 FBA 和自建仓，卖家需要对商品进行异地管理，在选择海外仓服务商时关键要选好有信誉的服务商，因为货物要全部发给对方，但跨时区信息沟通不便，货损、结算及退货等难以协调，同时还要谨防对方关门跑路查无所踪。

4. 亚马逊 FBA

FBA 的全称是 Fulfillment by Amazon，是亚马逊平台提供的一种海外仓物流服务，卖家直接把自己的商品存放在美国亚马逊的 Fulfillment Center 订单履行中心。一旦有顾客下单，就由该中心直接打包、配送这些商品，同时由该中心负责售后服务。这样，FBA 的货物就如同美国亚马逊直营货物一样，可以享受免费配送，Prime 会员 2 日达配送，并且有亚马逊负责售后服务。

如何选择合适的跨境物流

二、运费计算

国际物流的运费跟选择的物流渠道和包裹有关。查看具体的报价需要先登录到速卖通后台"交易"——"物流方案查询",计算/查看相应的运费。因物流运输成本变动,运费并不是固定不变的,会发生变化和调整。计算运费之前需要下载最新的物流报价。

(一)经济类物流运费计算

从图 6-4 中可知,使用中国邮政平邮小包时,

运费 = 首重价格 ×0.03+ 高出 30g 的配送服务费 ×(商品总重量-0.03kg)

例如,发往美国的普货包裹,重量为 100g,使用中国邮政平邮小包时的总运费为:22.36×0.03+91.46×0.07=7.073 元。

配送范围/目的国家/地区列表Destination			包裹重量为0g-30g	包裹重量为30g-80g		包裹重量为80g以上	
			首重价格 (首重30g)	首重价格 (30g)	高出30g的配送服务费(根据包裹重量按克计费) RMB/KG	首重价格 (首重30g)	高出30g的配送服务费(根据包裹重量按克计费) RMB/KG
			元 (RMB)	元 (RMB)	元 (RMB) /KG	元 (RMB)	元 (RMB) /KG
美国	United States	US	22.36	22.36	91.46	22.36	91.46
澳大利亚	Australia	AU	9.42	9.42	93.99	9.42	68.76
以色列	Israel	IL	9.51	9.51	101.37	9.51	78.94
瑞典	Sweden	SE	9.32	9.32	73.22	9.32	57.73
加拿大	Canada	CA	9.83	9.83	114.73	9.83	90.10
挪威	Norway	NO	9.90	9.90	106.88	9.90	87.88
瑞士	Switzerland	CH	9.32	9.32	72.90	9.32	55.27
日本	Japan	JP	8.92	8.92	60.71	8.92	48.09

图 6-4 中国邮政平邮小包报价单(节选)

(二)简易类物流运费计算

从图 6-5 中可知,使用 AliExpress 无忧-简易物流时,

运费 = 配送服务费 + 挂号服务费

例如,发往俄罗斯的普货包裹,重量为 200g,使用 AliExpress 无忧-简易物流时的总运费为:0.2×15.87+0.76=3.934 美元。

按照汇率 1 美元 =6.45 元人民币换算后,总运费为 25.37 元。

国家/地区列表			小包普货计费 2kg以内(包含2kg)		小包非普货计费 0~2000g(含)	
			配送服务费 美元 (USD) /kg *每1g计重	挂号服务费 美元 (USD) /包裹	配送服务费 美元 (USD) /kg *每1g计重	挂号服务费 美元 (USD) /包裹
Russian Federation	RU	俄罗斯	15.87	0.76	17.00	0.86
Ukraine	UA	乌克兰	15.11	0.69	15.11	0.88
Belarus	BY	白俄罗斯	17.97	0.65	17.97	0.88

图 6-5 AliExpress 无忧物流-简易报价单(节选)

(三)标准类物流运费计算

从图 6-6 中可知,使用中邮的 e 邮宝物流时,

运费 = 重量资费 + 操作处理费

例如,发往俄罗斯的普货包裹,重量为 200g,使用中邮 e 邮宝物流时的总运费为:70×0.2+17=31 元。

国家/地区列表			起重 克	重量资费 元（RMB）/kg *每1g计重，限重2kg	操作处理费 元（RMB）/包裹
United States	US	美国	50	95.00	25.00
Russian Federation	RU	俄罗斯	1	70.00	17.00
Ukraine	UA	乌克兰	10	75.00	8.00
Canada	CA	加拿大	1	90.00	19.00
United Kingdom	UK	英国	1	无服务	无服务
France	FR	法国	1	无服务	无服务
Australia	AU	澳大利亚	1	65.00	19.00
Israel	IL	以色列	1	无服务	无服务
Norway	NO	挪威	1	80.00	19.00
Saudi Arabia	SA	沙特阿拉伯	1	50.00	26.00

图 6-6　中邮 e 邮宝报价单

（四）快速类物流运费计算

从图 6-7 中可知，使用 AliExpress 无忧物流-优先时，

运费＝配送服务费＋挂号服务费＋然后附加费

例如，发往俄罗斯的普货包裹，尺码为 10cm×5cm×20cm，重量为 250g，使用 AliExpress 无忧物流-优先时的总运费计算为：

货物重量：0.25kg

货物体积重：10×5×20/5000=0.2kg

因此，按照货物实际重量计价。

俄罗斯方向的首重为 100g，续重为 100g，所以该货物按照 300g 计算运费。经查附加费为 20%，因此，总运费为：（82×0.3+29）×（1+20%）=64.32 元。

AliExpress无忧物流—优先（AliExpress Premium Shipping）报价单

俄罗斯：首重100克，续重100克，最大支持到30KG，以实际重量计费

国家/地区列表			配送服务费（根据包裹重量按100克计费）元（RMB）/kg	挂号服务费 元（RMB）/包裹
Russian Federation	RU	俄罗斯	82.0	29.0

俄罗斯以外其他国家：30KG及以下，首重500克，续重500克；30~69KG按公斤计费。
以体积重和实际重量的较大者为计费重，体积重计算方式为：长（CM）*宽（CM）*高（CM）/5000，计算后的单位为KG
以下报价不包含燃油附加费，燃油费另外收取，燃油费费率详见：https://sell.aliexpress.com/zh/_pc/logisticsfee.htm?spm=5261.8153113.0.0.42563c18c8C8hH

国家/地区列表			30KG以下，每0.5KG计费							
			0.5kg	1kg	1.5kg	2kg	2.5kg	3kg	3.5kg	4kg
Canada	加拿大	CA	156.13	177.24	198.35	219.46	240.57	261.69	282.80	303.91
Mexico	墨西哥	MX	170.27	202.04	233.81	265.58	297.35	329.12	360.89	392.66
United States	美国	US	144.85	165.73	172.47	204.00	222.18	242.21	258.28	281.42
Philippines	菲律宾	PH	91.24	117.11	164.82	214.47	214.47	220.54	246.41	272.27
Thailand	泰国	TH	91.24	117.11	142.97	182.28	194.69	220.54	246.41	272.27
Vietnam	越南	VN	120.79	165.43	210.05	254.69	299.32	343.96	388.59	433.22
Negara Brunei Darussalam	文莱	BN	91.24	117.11	164.82	214.47	214.47	220.54	246.41	272.27
Indonesia	印度尼西亚	ID	120.79	165.43	210.05	254.69	299.32	343.96	388.59	433.22
Malaysia	马来西亚	MY	91.24	117.11	142.97	168.83	194.69	220.54	246.41	272.27

图 6-7　AliExpress 无忧物流 - 优先报价单（节选）

操作示范

工作任务 1：设置运费模板

运费模板是发布商品页面的重要组成部分，它的精细程度直接关系到商品的净利润。值

得注意的是，一个店铺可以设置多个运费模板，但是一个商品链接只能选择一个运费模板，不过这个运费模板里可以设置多种不同的物流方式。除了活动的情况之外，具体的商品链接中的运费模板都是可以随时修改的。小王在发布商品之前，需要先设置好运费模板。

[Step 1] 登录速卖通后台，设置运费模板。

登录速卖通后台，依次单击"商品"—"物流模板"后，右上角出现"新建运费模板"按钮，单击"新建运费模板"按钮进入编辑页面，如图6-8所示。进入编辑页面后，就可以选择不同的发货地区。除了中国外，其他国家的发货权限需到"商家工作台"—"交易"—"我有海外仓"页面下申请。

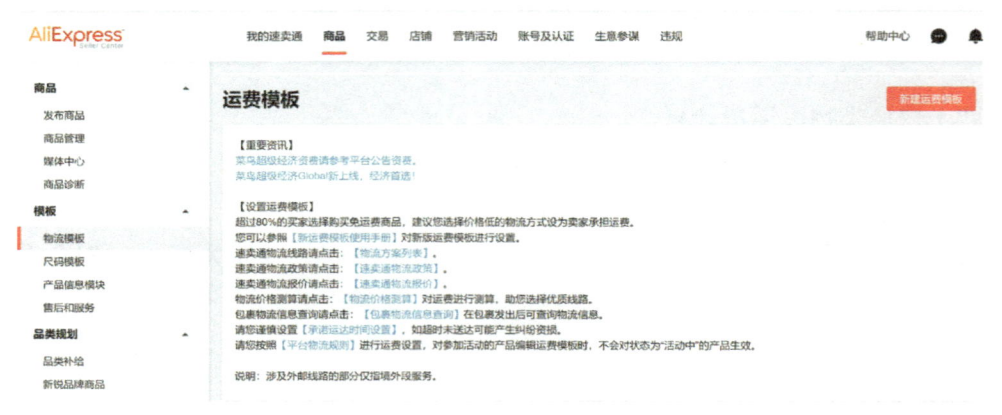

图6-8 运费模板设置入口

[Step 2] 选择物流线路。

选择不同的物流等级，编辑页面就会有展示不同的物流线路供选择、设置，如图6-9所示。但是请记住，卖家设置的物流线路要符合"物流方案列表"和"速卖通物流政策"，这样商品前台才会展示对应的物流线路。

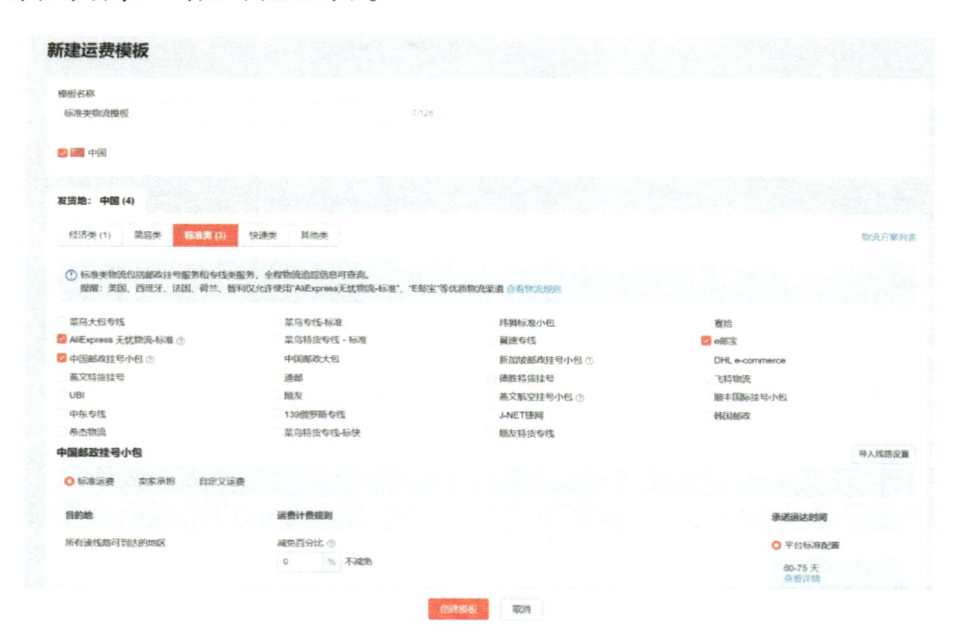

图6-9 物流线路选择

[Step3] 物流线路设置。

选中物流线路后，下方会出现该物流线路设置模块，如图6-10所示，制定物流线路规则（标准运费、商家承担运费、自定义运费）。

（1）**标准运费**：选"标准运费"时，可设置标准运费的减免规则。减免百分数就是在物流公司的标准运费的基础上给出的折扣。比如：物流公司标准运费为US$100，输入的减免百分数是30%，买家实际支付的运费是：US$100×（100%-30%）=US$70。

（2）**卖家承担运费**：选择卖家承担运费时，前台展示的运费为0，即卖家包邮，买家无须支付运费。

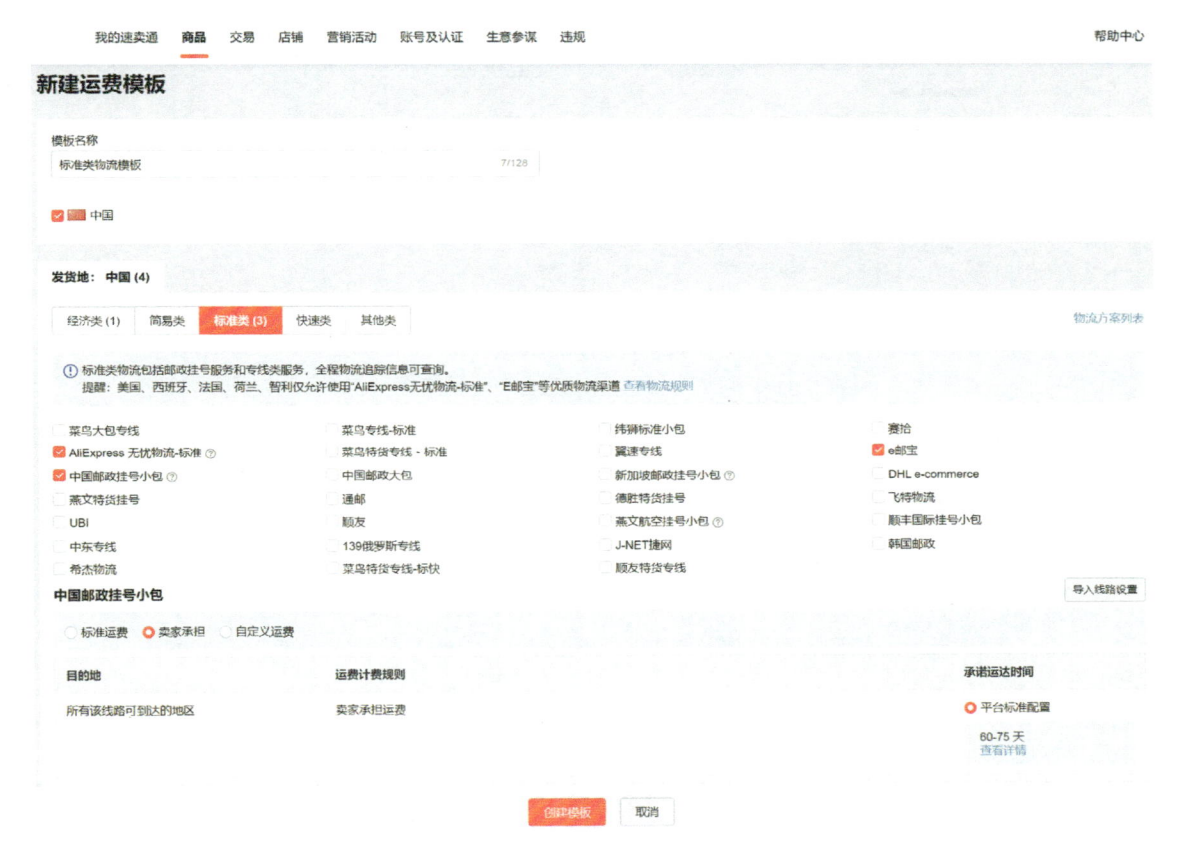

图6-10　物流线路设置

（3）**自定义运费**：若卖家选择自定义运费，则可以分别设置不同目的地的运费计费方式。卖家需要下载最新的物流运费报价，经过计算，将可以包邮（卖家承担运费）、不包邮（自定义运费）、不发货的国家分别分批次设置，如图6-11和图6-12所示。

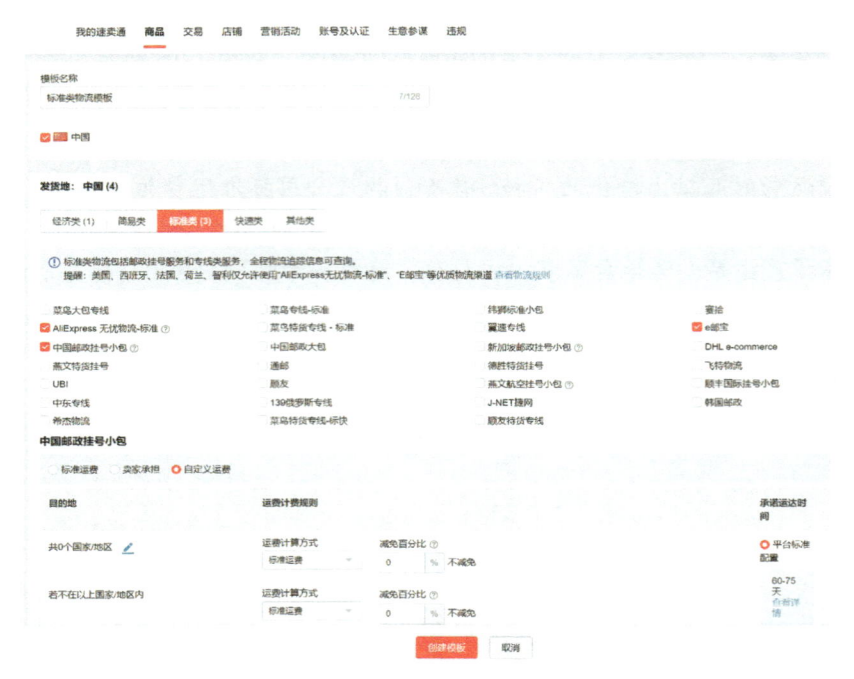

图6-11 自定义运费

图6-12 自定义运费（续）

工作任务2：线上发货

店铺出单后，小王进行线上发货操作。

[Step1]

登录速卖通后台，单击"交易"—"所有订单"，找到发货的订单，在列表页面单击"发货"

按钮，如图 6-13 所示。

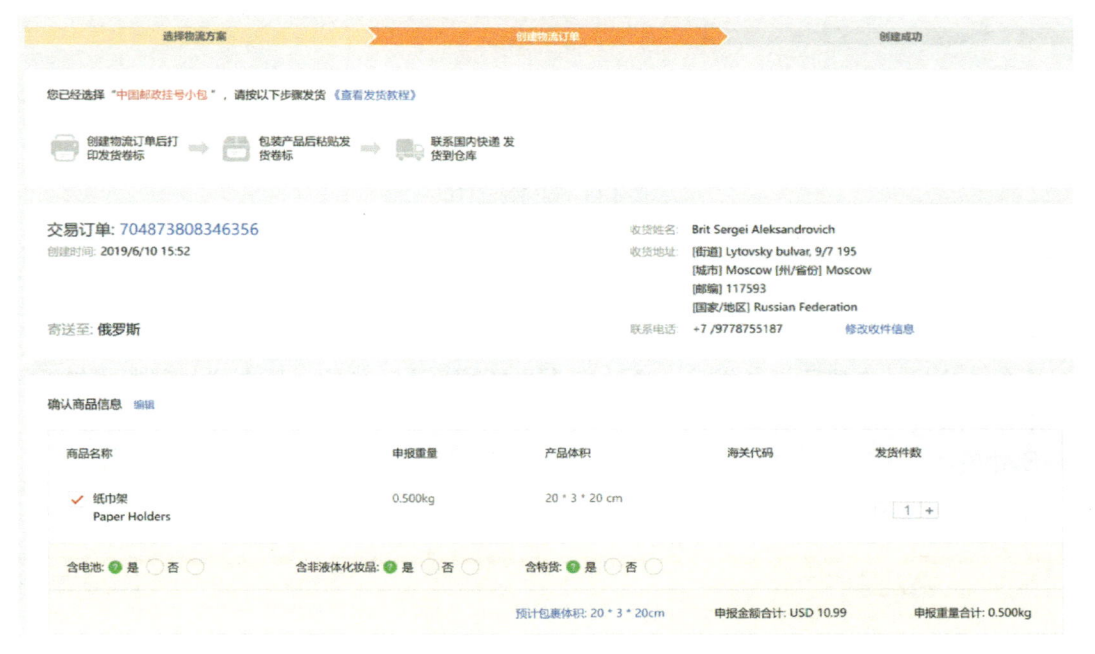

图 6-13　线上发货入口

[Step2]

单击"线上发货"按钮，勾选需要的物流服务，也可以单击不可达的物流方式，查询到对应的原因，如图 6-14 所示。

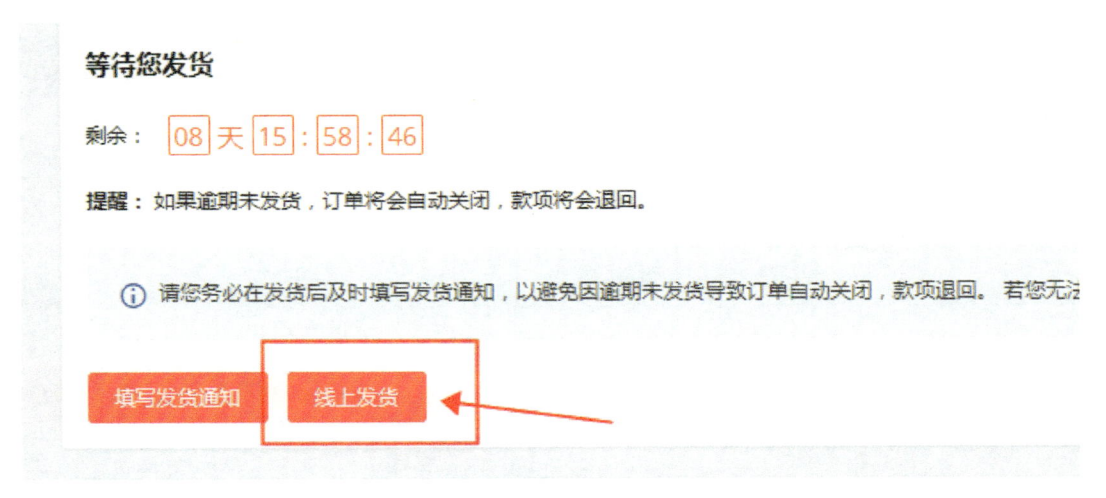

图 6-14　线上发货

[Step3]

选择对应的物流方式后，单击"下一步，创建物流订单"按钮，确认商品信息，如图 6-15 所示（注：若商品为带电、化妆品等特殊品类，必须勾选货物类型用于申报）。

图 6-15 创建物流订单

[Step4]

填写完相关的信息后,单击"提交发货"按钮。

[Step5]

提交成功后,在国际小包页面,通过交易号找到物流运单号,单击"打印发货标签"按钮,并将其贴在包裹外包装上。

[Step6]

发货后,在订单详情页面单击"填写发货通知"按钮,打开的页面如图 6-16 所示。

图 6-16 填写发货通知

思政园地

20 世纪 90 年代初苏联解体后,急需进口大量便宜货品,于是大批华商在中俄间做起民间贸易。然而俄海关清关手续烦琐,关税混乱,为了鼓励进口、简化海关手续,俄罗斯海关委员会允许"清关"公司为货主代办进口业务。这些公司与海关官员联手,将整架飞机的货物以包裹托运的关税形式清关。此类清关的报价通常只有正规报价的二分之一到三分之一。后来，这种清关方式被推广到海运、铁运和汽运，统称为"灰色清关"。

"灰色清关"是指出口商为了避开复杂的通关手续，将各项与通关有关的事宜交由专门的清关公司处理的一种通关方式。一些所谓"清关公司"，帮助进口商品以低于法定水平的关税进入某国市场，主要方式为"包机包税"和"包车包税"。清关公司负责履行通关手续、收取税款，但一般不向出口商提供报关单据。

据悉，此前，很多中欧铁路的货物，采用在东欧国家灰色清关的方式，给客户双清包税。但是随着欧盟内部的监管逐步完善，这种方式也面临极大的不确定性，由于遭到各国相继围剿，从2018年9月份开始，大量中欧灰清的柜子，被海关扣留。

与此同时，作为重要的中转、清关节点，大量中欧铁路在匈牙利海关灰色清关的柜子，滞留在匈牙利海关监管区。目前，滞留匈牙利的货物清关都被暂停，原有的已经通知可以放行的柜子，也被暂停放行，被要求重新核价，而核价之后的税金，是原来的3倍。

想一想

1. 为什么各国海关要打击灰色清关行为？
2. 灰色清关有哪些弊端？
3. 灰色清关会给跨境电商、出口商带来哪些法律风险？

知识巩固

选择题（不定项选择题）

1. 中邮平邮小包对订单金额的要求是多少？（　　）
   A. 2美元以下　　　　　　B. 5美元以下
   C. 7美元以下　　　　　　D. 10美元以下
2. 邮政小包禁止运输的物品有（　　）。
   A. 违禁品　　　　　　　　B. 电池
   C. 带电物品　　　　　　　D. 化妆品
3. 以下运输方式中，单件包裹限重2kg以下的有（　　）。
   A. 中邮小包　　　　　　　B. 中邮挂号小包
   C. E邮宝　　　　　　　　D. 航空专线—燕文
4. 航空专线—燕文安检常退回的物品有（　　）。
   A. 茶叶　　　　　　　　　B. 口红
   C. 药品　　　　　　　　　D. 皮包
5. 常用的国际商业快递有（　　）。
   A. UPS　　　　　　　　　B. DHL
   C. FedEx　　　　　　　　D. TNT

6. AliExpress 优先物流赔付上限为（　　）人民币。
A. 800 元　　　　　　　　B. 1200 元
C. 600 元　　　　　　　　D. 2000 元
7. 能跟踪商品物流信息的物流方式有（　　）。
A. 中邮平邮小包　　　　　B. 中邮挂号小包
C. E 邮宝　　　　　　　　D. DHL
8. 在西欧、中东国家物流价格有明显优势且时效性强的是（　　）。
A. TNT　　　　　　　　　B. E 邮宝
C. UPS　　　　　　　　　D. 中邮小包
9. DHL 公司的优势有（　　）。
A. 欧洲和东南亚时效强　　　　　　B. 2~4 个工作日货通全球
C. 21kg 以上大货发往东南亚价格最优　D. 美国和西欧的清关能力较强

操作技能训练

工作项目一

请分组完成速卖通平台上不同物流方式下的运费模板设置操作。

工作项目二

小王的速卖通店铺出了一笔订单，商品为纸巾架，目的地为俄罗斯，重量为 0.5kg，不带电，物流方式为中邮挂号小包，请预估运费，并完成线上发货模拟操作。

项目七

深度数据分析

项目目标

知识目标
※ 了解生意参谋相关数据的概念、各指标的含义。
※ 掌握关键词数据的分析技巧。
※ 掌握点击率、转化率、跳失率等单品数据的意义。
※ 掌握商品优化的步骤、技巧。

能力目标
※ 能分析基础的生意参谋相关数据。
※ 能分析店铺的流量来源。
※ 能分析选品专家,包括热销、热搜属性、关键词数据的分析。
※ 能利用数据分析结果进行商品优化。

思政与素质目标
※ 培养学生的独立思考能力。
※ 培养学生的团队合作意识。
※ 培养学生认真、细致的工匠精神。

项目导入

浙江致远电子商务有限公司在2018年1月份新开了一家速卖通店铺,运营的类目是卫浴商品。目前店铺陆续上传了一百多款商品,运营人员每天都有持续上传新品,但是店铺的曝光量和订单量还是不见增长。因此公司的跨境电商部门经理给运营人员小王布置了新的任务，要在近期分析店铺的后台数据，找出为什么店铺曝光量不见增长的原因。

项目分析

跨境电商店铺数据分析是卖家运营跨境电商的重中之重，每个跨境电商平台的店铺都需要对店铺的数据做出精准的分析。在数据分析的基础上，调整运营的具体方案和策略。该项目以 B2C 平台速卖通店铺的后台数据为例，完成以下的任务操作。

小王的主要任务有以下几项。

工作任务 1：分析流量数据

参考店铺后台的流量数据，包括访客数、点击率、转化率、跳失率等核心数据，并且深入分析数据不好的原因。

工作任务 2：选品专家分析

分析店铺后台的选品专家，从基本的热销属性组合中寻找出适合自身销售的选品，并且对热销属性进行深入的分析。

工作任务 3：利用数据分析进行商品优化

利用数据的分析结果，对具体的商品进行深入的优化，比如：自定义属性、商品标题、商品详情页等方面的进一步优化。

知识导入

一、数据指标的概念

（一）市场指标相关数据

市场指标数据说明如下。

（1）店铺访客数：指统计时间段内行业访客数占上级行业访客数比例，一级行业占比为该行业占全网比例。

（2）浏览量占比：指统计时间段内行业浏览量占上级行业浏览量的占比，一级行业占比为该行业占全网的比例。

（3）成交额占比：指统计时间段内行业支付成功金额占上级行业支付成功金额的比例，一级行业占比为该网行业占全网的比例。

（4）成交订单数占比：指统计时间段内行业支付成功订单数占上级行业支付成功订单数的比例，一级行业占比为该行业占全网的比例。

（5）在售商品数：指统计时间段内行业下在售商品总数的均值。

（6）商品指数：指统计时间段内行业下商品数量经过数据处理后得到的对应指数。商品指数不等于商品的在售数量，指数越大，在售商品数量越大。

（7）流量指数：指统计时间段内行业下流量经过数据处理后得到的对应指数，流量指数不等于行业总 PV[①]，指数越大，PV 越大。

（二）选品专家的指标数据

选品专家的指标数据说明如下。

（1）供需指数：指在所选行业所选时间范围内，累计成交的订单数经过数据处理后得到的对应指数，成交指数不等于成交量，指数越大成交量越大。

（2）购买率排名：指在所选行业所选范围内购买率的排名。

（3）竞争指数：指在所选行业所选时间范围内，商品词对应的竞争指数。指数越大，竞争越激烈。

（4）成交指数：90 天内，发货且无纠纷退款的订单数占支付成功订单数的比例。

（三）关键词指标数据

关键词的指标数据说明如下。

（1）搜索指数飙升幅度：指在所选时间段内累计搜索指数比上一个时间段内累计搜索指数的增长幅度。

（2）曝光商品数：指在所选时间段内每天平均曝光的商品数量。

（3）曝光商品数增长幅度：指在所选时间段内每天平均曝光的商品数比上一个时间段内每天平均曝光商品数的增长幅度。

（4）曝光卖家数：指在所选时间段内每天平均曝光的卖家数。

（5）曝光卖家数增幅：指在所选时间段内每天平均曝光卖家数比上一个时间段内每天平均曝光卖家数的增长幅度。

（四）单品的指标数据

商品分析的指标数据说明如下。

（1）曝光量：指搜索曝光量，即商品在搜索或者类目浏览下的曝光次数。

（2）浏览量：指该商品被买家浏览的次数。

（3）搜索点击率：商品在搜索或者类目曝光后被点击的比例，即等于浏览量／曝光量。

（4）访客数：访问该商品的买家总数。

（5）成交订单数：指该商品在选定时间范围内支付成功的订单数，与选定时间范围内风控关闭的订单数的差值。

（6）成交买家数：指选定时间范围内成功购买该商品的买家数。

（7）成交金额：指该商品在选定时间范围内产生的交易额。

（8）询盘次数：指买家通过该商品点击旺旺与站内信的次数。

（9）成交转化率：指成功购买该商品的买家数占访问买家总数的比值，即等于成交买家数／访客数。

（10）平均停留时间：指买家访问该商品所有详情页面的评价停留时间。

（11）添加购物车次数：指该商品被买家添加到购物车的次数。

（12）添加收藏次数：指该商品被买家收藏的次数。

---

① PV：访问量，Page View，即页面浏览量或点击量，在一定统计周期内用户每次刷新网页一次即被计算一次。

二、单品数据——转化率的提升技巧

(一)影响转化率的因素

一般情况下影响商品成交转化率的因素主要包括商品主图、定价、商品详情页和客户服务等。下面拿第三个因素"商品详情页"举例说明。一款商品,童鞋 Baby Shoes,定价为 USD4.99(价格处于中等水平),曝光达到 1.3 万左右,点击率也不错,但是商品本身的详情页没有设置合理,导致转化率低。

1. 童鞋的尺码表没有设置尺寸对照码

新手卖家在设置商品详情页的时候,忘记设置规范的尺码对照表(见图 7-1),以及具体的鞋子内长 Inside Length、脚长 Foot Length、适合的年龄 Age 等,那么引流进来浏览该款童鞋的买家就很难通过商品详情页去找到适合的尺码,会掉头就走,去其他的卖家页面。

Size chart

EU size	Shoe length(cm)	For foot length(cm)
21	13.5	12.5~13
22	14	13~13.5
23	14.5	13.5~14
24	15	14~14.5
25	15.5	14.5~15
26	16	15~15.5
27	16.5	15.5~16
28	17	16~16.5
29	17.5	16.5~17
30	18	17~17.5

图 7-1 鞋子的尺码对照表

2. 商品的详细介绍图片不够

有经验的卖家应该了解,2013—2015 年期间的速卖通爆款大多只有几张图片介绍而已,而且清晰度也不够,更谈不上丰富的图文介绍。但是随着跨境电商的卖家越来越多,现在平台上面已经看不到只有几张图片的商品链接了,取而代之的都是图片拍摄清晰、英文描述详尽、极具美观度的商品详情页了。

卖家要自己测试页面打开的速度与浏览效果,如果在很短的几秒时间内页面没有打开或者打开后没有吸引住买家,那么买家就会立刻关闭商品的页面,转而去其他的店铺,因为现在平台上面的同类商品竞争也非常激烈。如有页面打开的时间花费长,那么运营人员就需要适当地精简图片或者适当降低图片的分辨率,进而缩短买家访问图片的时间。

(二)提升成交转化率的技巧——突出商品的亮点和卖点

卖家对于销售的商品一定要有全面、客观的认识和了解,了解商品本身可以突出哪些亮点和卖点。比如图 7-2 所示的学步鞋，相同的商品，类似的价格，买家的眼球肯定会关注在第一款学步鞋上面，因为这款鞋子的主图很好地展示了真人穿着的效果，并且更多地展示了商品的多种颜色。

图 7-2　学步鞋

当买家单击这款鞋子后，卖家需要考虑的是商品的详情页能否真正打动买家，还要考虑买家搜索学步鞋的真正需求，不是鞋子的外表有多好看，而是寻找一双能够为宝宝提供一个安全、便捷学习走路的商品。因此卖家可以在页面里面增写一些展示此类优点的详情页，提升商品的成交转化率。

三、影响单品点击率的因素

影响商品（单品）点击率的因素主要包括商品的主图（有没有吸引眼球）、价格（是否太高）、标题（是否描述合理）、曝光等。

（一）点击率的基础知识

点击率按照曝光方式，分为"搜索点击率""直通车点击率""平台活动点击率"，这里主要介绍"搜索点击率"。

搜索点击率即商品在自然搜索或者类目搜索中曝光后被单击的比率，可以在店铺后台的商品分析页面中查看到。在某款商品类目排名和自然搜索排名不变的情况下，提高搜索点击率可以极大地提高商品的流量、订单等。

（二）影响点击率的因素（这里分析的指标都是指搜索点击率）

1. 主图的因素

买家在前端搜索某款商品时，并不是经过很长的思考时间才决定单击具体的商品的，因此好的主图能够让你的商品在众多的同类商品中吸引客户的眼球，提高点击率，如图7-3所示。

图7-3　商品的主图

2. 价格的因素

价格是决定买家是否会单击商品的最关键的因素，比如有经验的卖家一定会发现，店铺里面的商品有做折扣活动时的点击率会明显高于原价的时候。不过这里要提醒的是，价格的设置是极其复杂的过程。卖家要在计算自己商品成本、利润、后期折扣力度的前提条件下，设置商品的合理价格。同时，买家会关注同一个页面类似商品的价格，因此卖家要参考下自身商品在前端的展示页面价格。

操作示范

工作任务 1：分析流量数据

进入跨境电商后台（以速卖通为例）的"生意参谋"—"流量"界面，对流量看板店铺来源和商品来源的数据进行分析比对，比较出店铺主营类目的行业基本数据情况。

[Step1] 进入速卖通后台。

打开"生意参谋"—"流量"页面，如图7-4所示。

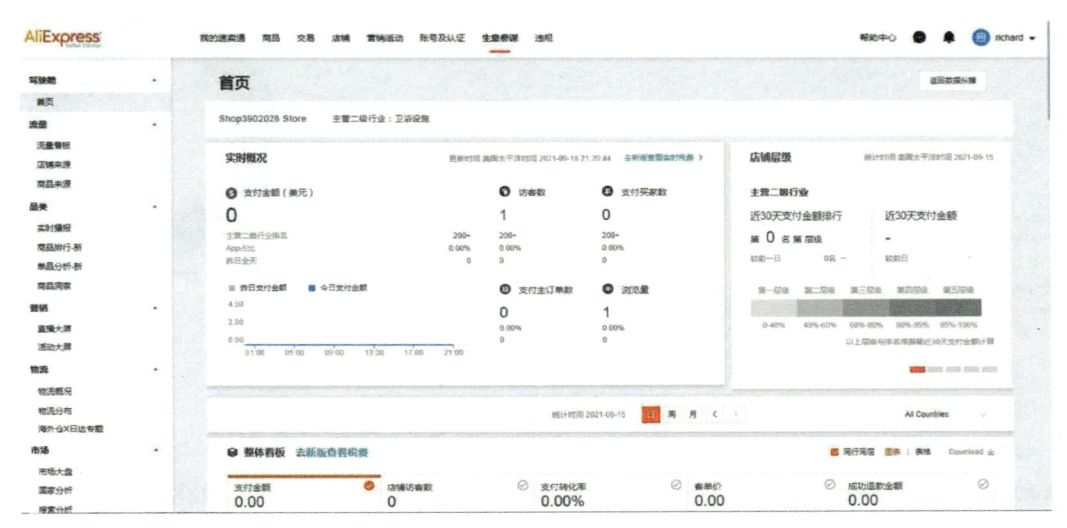

图 7-4　生意参谋 - 流量

[Step2] 流量页面选择流量看板。

如图 7-5 所示，选择"流量"—"流量看板"，时间选择 30 天（时间有三种选择：1 天、7 天和 30 天），不同的时间会呈现细微不同的数据，卖家可以选择 30 天的时间维度来了解相对更长时间内的数据情况。

图 7-5　流量概况

通过流量看板中店铺的核心指标，可以准确了解店铺 30 天内的店铺访客数、浏览量、跳失率、平均停留时长等核心关键指标，通过数据分析比对，找到优化数据的方法。

[Step3] 查看"流量分布"—"国家"数据情况。

进入图7-6中的国家相关数据,包括访问国家、访客数、访客数占比、支付转化率和客单价等数据指标,通过上述数据指标的比对分析,掌握店铺的流量主要来自哪些国家,哪些国家可以重点考虑营销推广,如何在巩固老客户的同时,去开拓新客户。

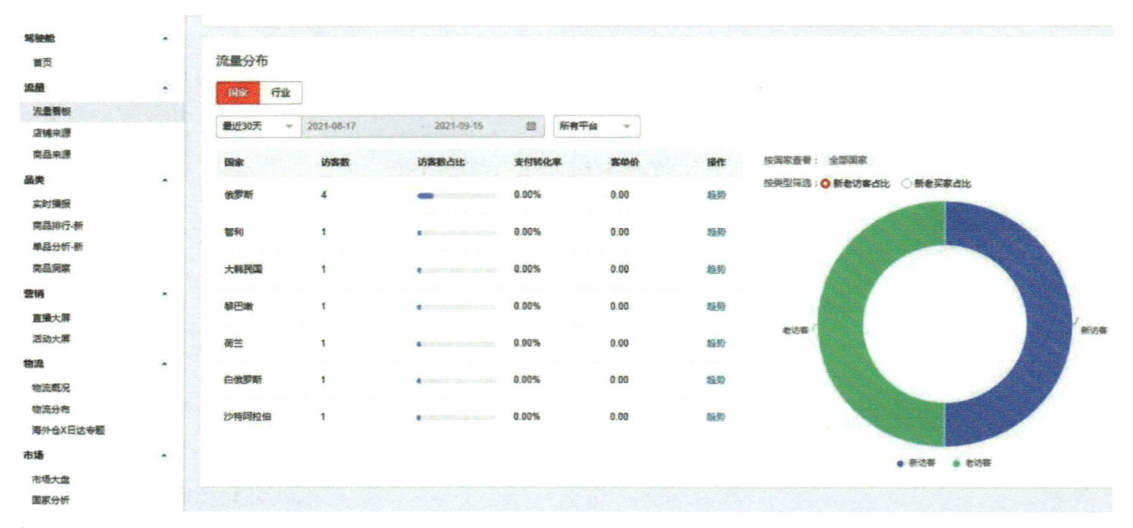

图7-6 流量分布

[Step4] 查看"流量看板"—"店铺来源数据"。

如图7-7所示,可以通过店铺来源数据情况,查看店铺的所有流量来源于哪些国家、访客数的数量和占比情况以及下单转化率。如当日的访客数为200,订单数量为2个,那么成交转化率是1%。根据目前平台的平均数据,店铺的日成交转化率为2%,也就是说店铺的成交转化率低于平台的平均水平,需要优化提高转化率。

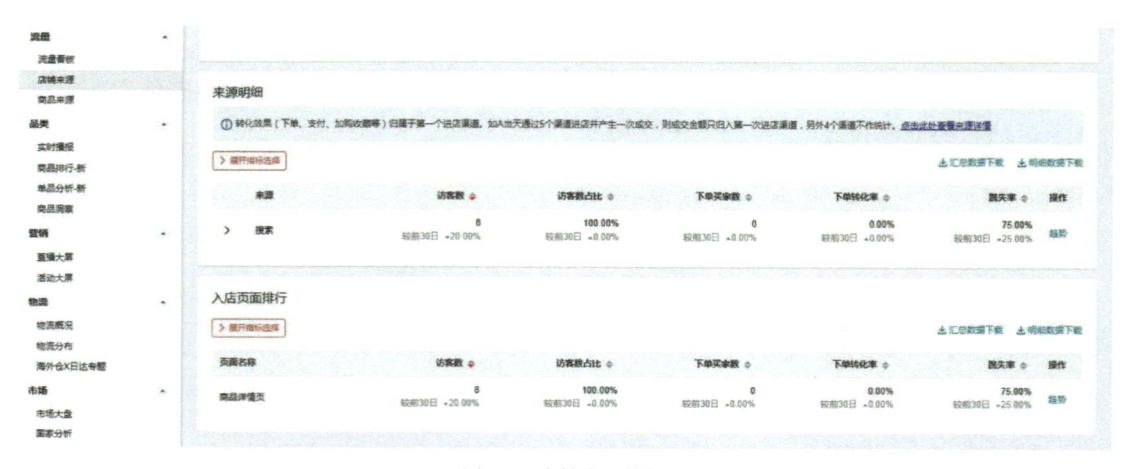

图7-7 店铺来源数据

[Step5] 查看"流量看板"—"商品来源"。

如图7-8所示,可以查看到店铺Top3商品的主要访问国家、访客数、下单买家数和下单转化率。通过数据的分析比对,可以清楚知道店铺目前比较受欢迎的商品是哪些商品,访客数、下单买家数和下单转化率的增减情况,进而找到优化数据的方法。

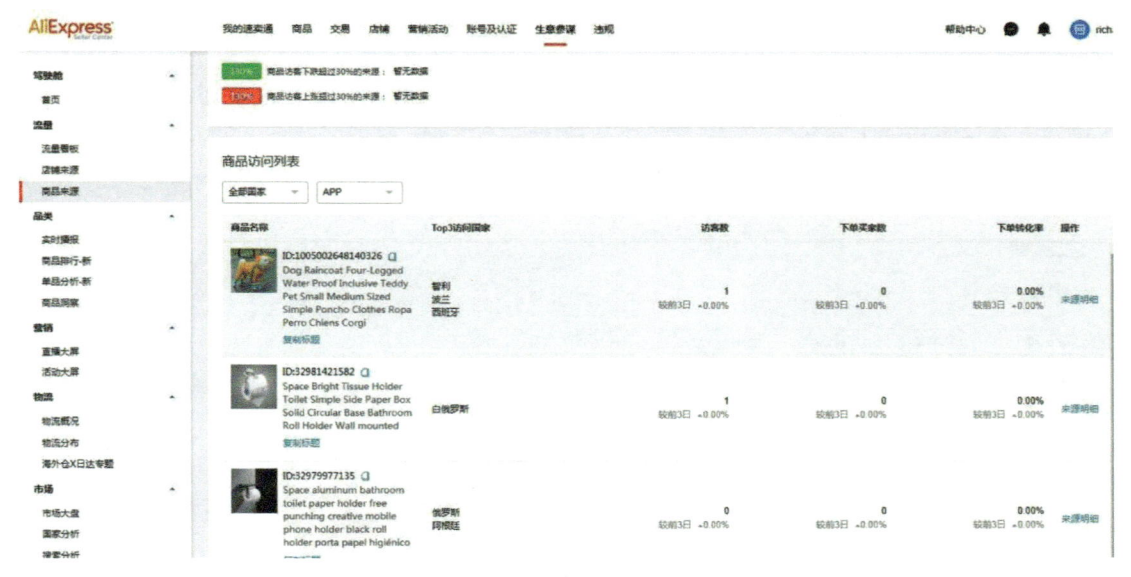

图 7-8　店铺来源数据

[Step6] 查看"商品来源"—"单品分析"。

如图 7-9 所示，可以查看到 Top10 商品中每一款商品的详尽数据，包括支付金额、商品浏览量、商品访客数、商品加购人数和下单转化率等数据。这些数据是针对每一款商品的精准数据，有利于帮助卖家去优化单件商品，甚至为店铺打造爆款商品。

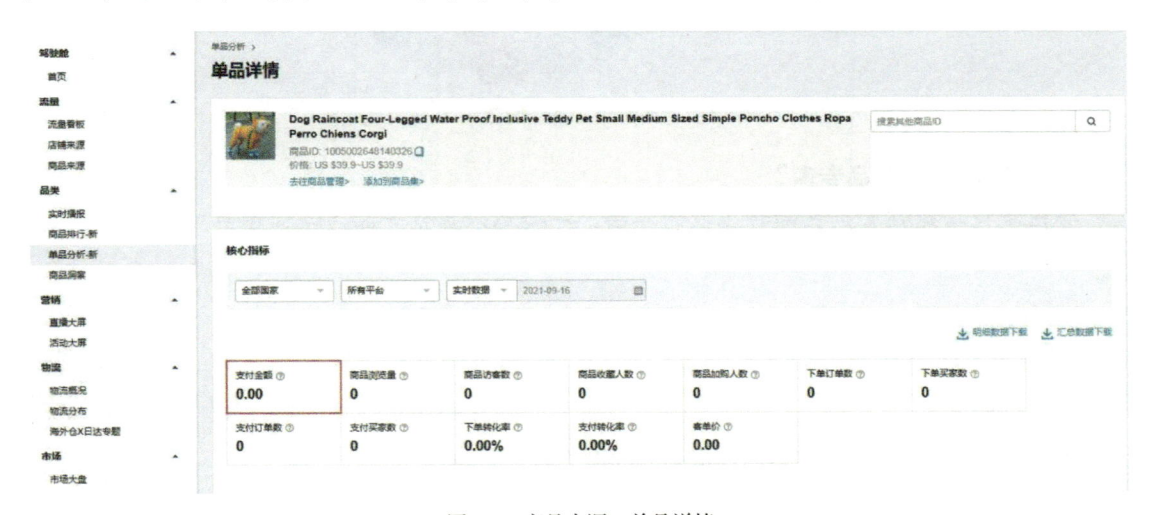

图 7-9　商品来源—单品详情

因此，小王通过分析、研究后台的相关行业数据，能够基本了解到家装（硬装）-卫浴商品这个行业的基本供需情况、浏览量、订单金额等数据，并且能够深入了解到下面子类目的数据情况，得出自己公司今后在选品方面应该尽量选择需求没有那么饱和的、竞争不激烈的商品。不过，不同行业的商品数据并不是固定不变的，每个行业都有自己的变化趋势，作为跨境电商的卖家要能够实时关注市场的供需指数变化，做出相应的调整。

工作任务2：选品专家分析

分析店铺后台的选品专家，从基本的热销属性组合中寻找出适合自身销售的选品，并且对热销属性进行深入的分析。

[Step1] 打开"生意参谋"—"选品专家"，如图7-10所示。

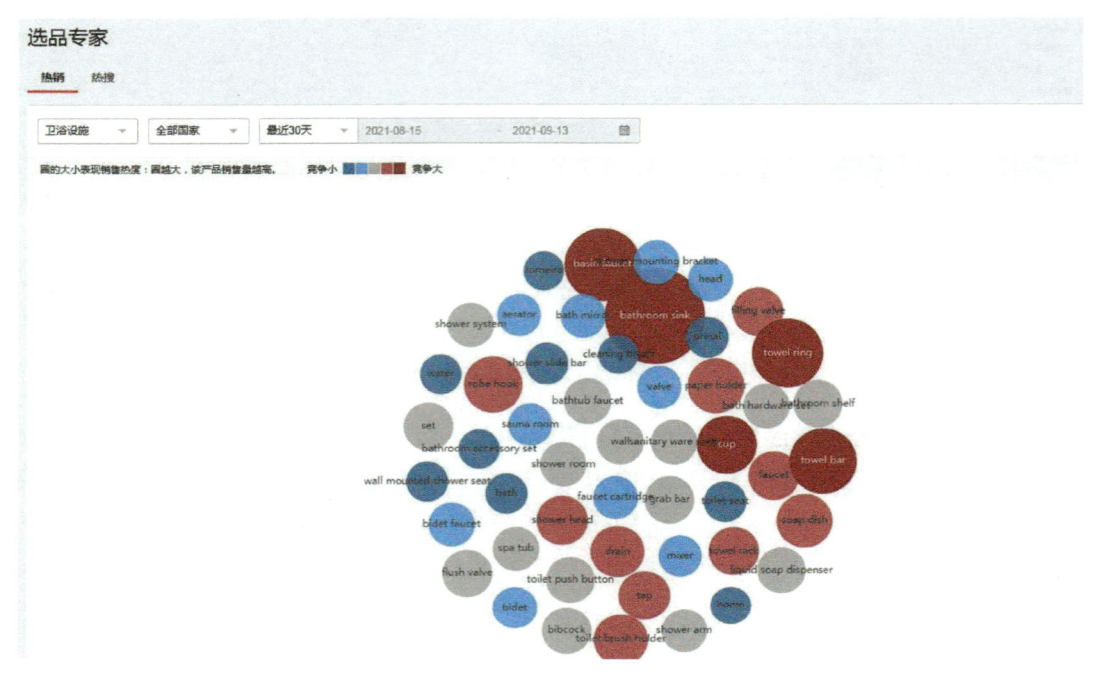

图7-10 选品专家

[Step2] 进入"选品专家"。

会出现包括热销和热搜两种属性的界面，一般都以热销产品为主，图片中有红色和蓝色圆圈。

【类目举例：家装（硬装）——卫浴设施】

国家：全球

时间：最近30天

图7-10中举例的红色圆圈：bathroom sink（浴室水槽）

图7-10中举例的蓝色圆圈：urinal（小便器）

蓝色的代表蓝海商品，红色的代表红海商品，图7-10中的数据是根据卖家所选类目的行业进行变化的，图片所属的行业是：家装/硬装，国家：全部国家（这里卖家可以选择自己热销的国家），时间：最近30天（卖家还可以选择1天、7天）。

[Step3] 具体子类目分析。

如图7-11所示，单击红色圆圈，bathroom sink（浴室水槽），分析具体的一个子类目。

项目七　深度数据分析

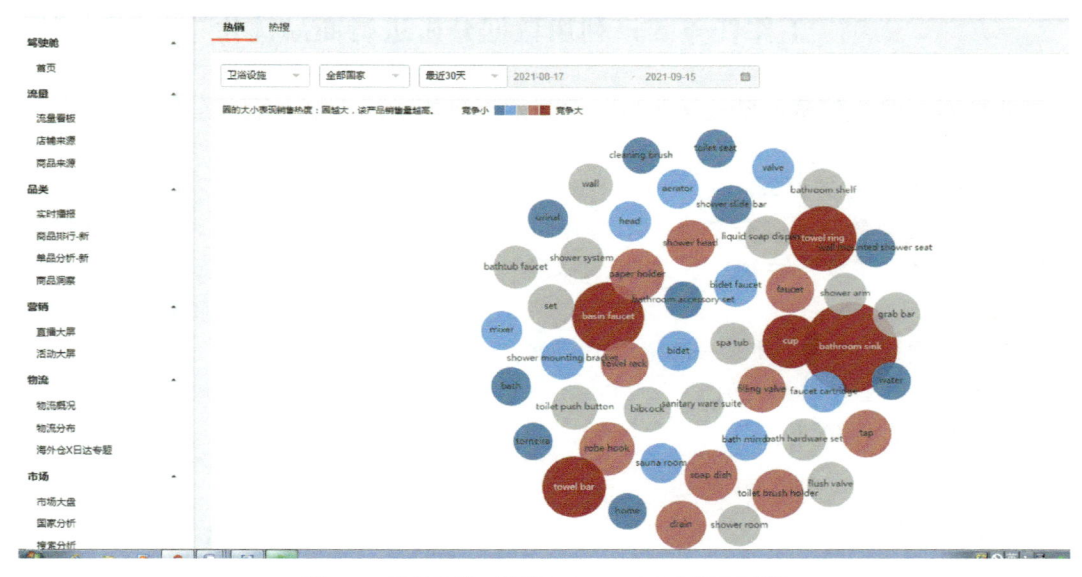

图 7-11　选品专家—选择 bathroom sink（浴室水槽）

[Step4] 具体热销属性分析。

进去后，可以看到如图 7-12 所示具体的浴室水槽的热销属性，包括 set（套装）、faucet（水龙头）、drain（排水）等不同的热销属性。

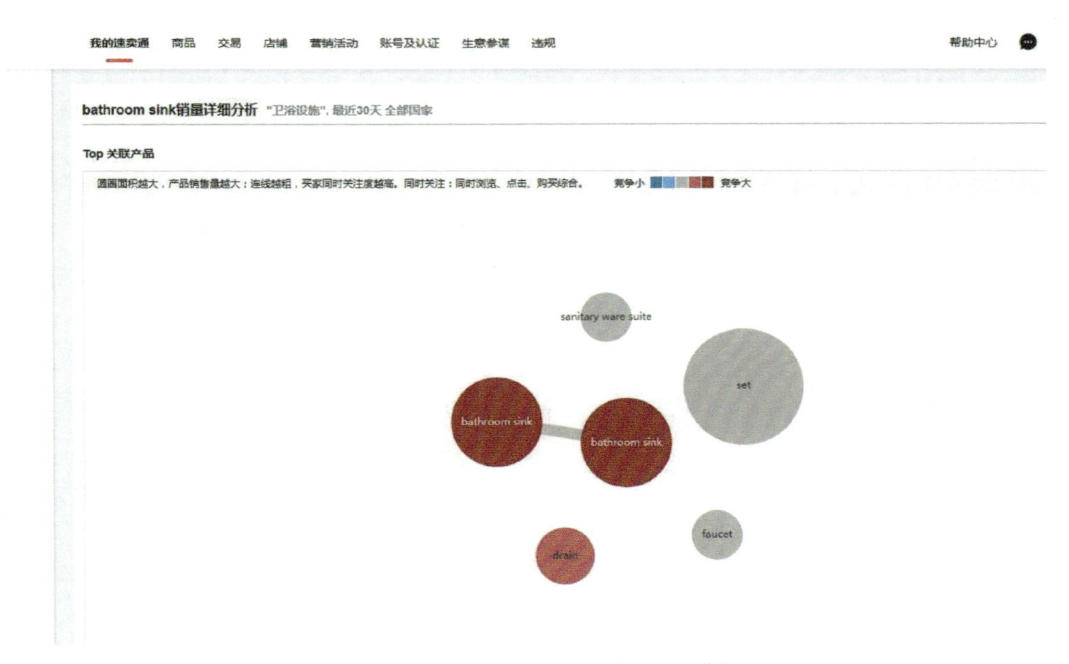

图 7-12　bathroom sink（浴室水槽）属性分析

选品专家的数据功能是给新手卖家在刚进入某个跨境电商行业时的选品参考，可以按照上面的操作提示，对自己即将进入的行业进行选择，初步了解选品的热销属性，然后根据属性组合，指导自己店铺今后的选品方向，不过这个选品的研究过程需要卖家自己摸索，深入分析。

工作任务3：利用数据分析进行商品优化

利用数据的分析结果，对具体的商品进行深入的优化，比如：自定义属性、商品标题、商品详情页等方面的进一步优化。

[Step1] 汇总筛选关键词。

小王根据前面的两个工作任务，汇总得出后台数据曝光、搜索排名比较靠前的搜索词（图7-13），单击"下载"按钮，导出Excel表格，如图7-14所示。

备注：

（1）举例类目：家装/硬装—卫浴设施为例。

（2）国家：以全部国家为例。

（3）时间：最近30天。

图7-13 搜索词

图7-14 关键词表格的部分截图

如图 7-14 所示中的关键词，有些关键词是英文的，有些关键词是俄文的，因为很多速卖通的买家都来自俄罗斯，所以卖家要把俄文翻译成英文，知道相对应的关键词的英语单词。

因为在商品的编辑及优化界面，是不能加入非英语的单词的（包括俄语），因此卖家需要把一些小语种翻译成英语，加入商品的优化界面，起到引流的作用。

[Step2] 优化自定义属性。

根据小王团队前面的工作，团队现在要针对店铺具体的商品，进行商品的自定义属性的优化。如图 7-15 所示，每款商品都应当完整准确地编辑自定义属性，在每个自定义属性里面，卖家可以加上后台搜索曝光高的词语，加到对应商品的属性里面，比如图中的第四个属性 bathroom accessories（卫浴配件），这样可以增大商品与客户搜索词之间的匹配度。那么以此为例，把店铺商品的自定义属性，都增加到 10 个以上，自定义属性中填上搜索度高的关键词（注意：属性和商品不能冲突，要互相匹配）。

而且卖家可以将高流量的一些关键词通过隐性埋词的方式，埋到商品的自定义属性里面，通过增加关键词在页面的出现频率，来增加关键词密度，从而提高商品的曝光度和排名。

图 7-15　自定义属性

[Step3] 优化商品标题。

要做好标题的优化，标题优化无非是包含精准关键词、宽泛关键词、长尾关键词的搭配使用，以及关键词与商品的匹配度。根据前面的数据分析，卖家可以在标题里面增加引流的关键词，以图 7-16 所示的商品为例，比如卫浴商品（皂液器）的卖家，可以增加 Automatic（自动）、Liquid Soap（液体皂液）、For Kitchen（厨房）等高流量词。

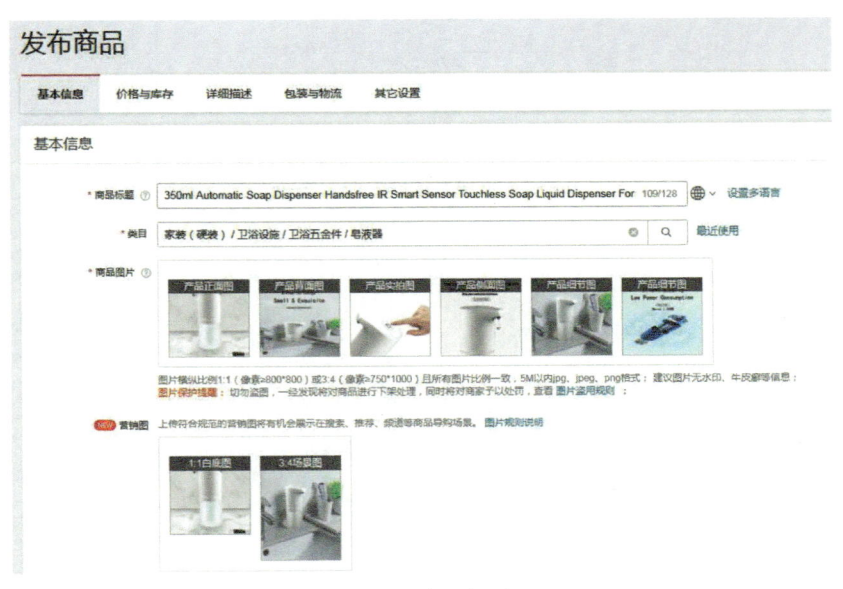

图 7-16　优化标题

【优化商品标题的案例】

原标题：假设卖的商品是品牌名为"JUNSUN"的一款纸巾架，其显著特征是可以内嵌到墙体里面，该商品原标题如下：

Toilet paper holder, stainless steel wall mounted bathroom toilet paper holder, brushed recessed toilet tissue paper holder, hotel toilet roll holder for bathroom, washroom-rear mounting bracket included。

优化分析：由于标题有字符数要求，而一个商品往往会有多个关键词，所以，在有限的标题中要尽量填写商品的核心关键词。如果一个商品有多个核心关键词，也可以同时收集，分别用在标题的不同位置。尽量通过前5个词展示：这是什么商品？它有什么特性或与别人不同的地方？位置越靠前的词越重要。

以上标题可以优化成：

JUNSUN Stainless Steel Recessed Toilet Paper Holder Wall Mounted Metal Recessed Tissue Roll Dispenser for Home Cabinet Bathroom Kitchen Commercial Application Organization Rear Mounting Included.

该标题相对于之前的标题更加规范，避免了关键词的堆砌，一个清爽又精炼的标题最能抓住消费者的眼球。

[Step4] 优化商品详情页。

以下面一款卫浴商品里面的皂液器为例，团队在商品的PC端和无线端的商品详情页里面，都要加上一些高引流的搜索词，如图7-17所示，用一句包含引流关键词的话语加在商品详情页的前面以及图片的描述上面，起到部分引流的作用。

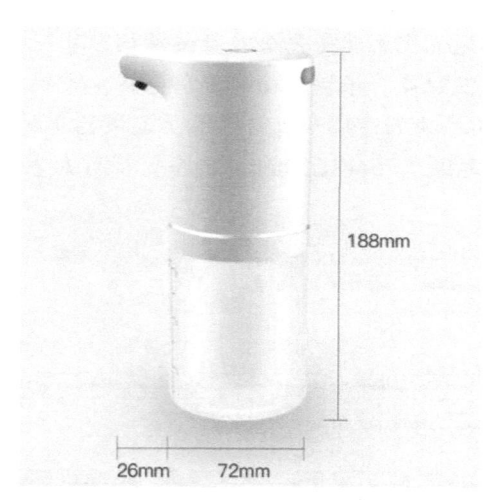

图7-17 优化商品详情页

思政园地

全球速卖通买家可以通过关键词搜索，轻松地搜索到自己需求的商品，平台卖家为了更好地优化商品、提高商品的搜索曝光量，往往会在商品标题里尽可能多地添加商品的关键词，在此过程中，就会有意或者无意地增加了一些可以提高曝光但是与商品本身无关的关键词。这样做虽提高了搜索曝光量，但是对于买家而言，有虚假宣传或者欺骗消费者的嫌疑。所以作为优质的平台卖家应当遵守平台的相关规则，既要最大限度地优化商品，又要让消费者可以通过商品标题了解商品真实的属性，不能弄虚作假。关于商品的图片既要简单、精美，同时又要展示商品的本来面貌，不要过分修图，导致图片与商品不相符。

想一想

1. 如何有效提升店铺的浏览量？
2. 从哪些方面可以有效提升店铺的成交转化率？
3. 如何高效优化商品的标题和详情页？

知识巩固

一、选择题（不定项选择题）

1. 单个商品可以从哪几个维度来进行数据分析？（　　）
   A. 访客行为分析　　　　　　B. 转化分析
   C. 流量来源　　　　　　　　D. 成交分析

2. 选品专家中的数据可以选择哪些时间段？（　　）
   A. 30 天　　　　　　　　　　B. 7 天
   C. 1 天　　　　　　　　　　D. 90 天

3. 搜索词分析中可以看到哪些维度的分析？（　　）
   A. 零少词　　　　　　　　　B. 蓝海词
   C. 飙升词　　　　　　　　　D. 热搜词

4. 热搜词中可以通过哪几个维度来进行条件筛选？（　　）
   A. 国家　　　　　　　　　　B. 关键词
   C. 时间　　　　　　　　　　D. 行业

5. 零少词中可以通过哪几个维度来进行条件筛选？（　　）
   A. 时间　　　　　　　　　　B. 在售商品数
   C. 供需指数　　　　　　　　D. 成交额占比

6. 速卖通平台中，在热销词的页面，该词所在圆圈的大小表示（　　）。
   A. 搜索量大小　　B. 销量大小　　C. 竞争度强弱　　D. 关注度高低

7. 速卖通平台中，以下哪项简称代表销售总额？（　　）
A. GMV　　　B. UV　　　C. SNS　　　D. PC

8. 具有一定的搜索热度，但相符的商品较少，精确匹配商品数量不超过1页，并且在同行业中竞争度较低的这类关键词，速卖通平台称其为（　　）。
A. 稀少词　　　B. 熊猫词　　　C. 低竞争词　　　D. 零少词

9. 速卖通平台中，曝光量的多少能反映出卖家发布的商品信息存在问题，如果曝光量反映出被搜到了但排名太靠后，则最大的问题是什么呢？（　　）
A. 商品没有细节图
B. 标题里的词都太生僻或不符合买家的语言习惯
C. 标题里的大词比较多缺少属性词和流行词
D. 商品属性描述太详细

10. 速卖通商品详情页中一般包含哪些项？（　　）
A. 店铺及商品的相关推荐　　　B. 关联营销　　　C. 网购流程图　　　D. 商品说明图

11. 速卖通的商品标题最多可以有多少个字符？（　　）
A. 100个　　　B. 128个　　　C. 136个　　　D. 150个

12. 以下哪个不属于速卖通平台商品标题里的属性词？（　　）
A. cotton　　　B. dress　　　C. high-heel　　　D. V-neck

13. 以下哪个属于速卖通平台商品标题里的流量词？（　　）
A. long sleeve　　　B. men's shirts　　　C. wholesale　　　D. cotton

二、判断题

1. 点击量和点击率一般成正比，即点击量越高，意味着点击率越高。（　　）
2. 曝光量指具体某一关键词为该商品带来的展现次数。（　　）
3. 速卖通的商品自定义属性最多可以加到8个。（　　）
4. 蓝海是指竞争不大的行业，因此卖家都要选择蓝海的商品。（　　）
5. 小语种的关键词可以加到商品的标题里面。（　　）
6. 影响点击率的主要因素有商品的主图、标题、价格等。（　　）
7. 价格是影响商品点击率最重要的因素。（　　）
8. 点击率按照曝光方式可以分为搜索点击率、直通车点击率、平台活动点击率、站外广告点击率等。（　　）
9. 搜索点击量＝搜索曝光量×搜索点击率。（　　）
10. 曝光的数据对于商品来说是最重要的。（　　）

操作技能训练

工作项目一

请参考店铺后台"生意参谋"的相关数据试着分析跳失率、平均停留时长、店铺访客数对店铺订单和转化率的影响。

工作项目二

假设你是一家主营卫浴商品的速卖通店铺的运营人员，从你的角度要如何提高店铺的访客数、成交转化率？

项目八

客户维护操作

项目目标

知识目标
※ 了解客户服务岗位的重要性及要求。
※ 熟悉平台常见的纠纷类型与处理方法。
※ 熟悉客户维护、开发的方法和路径。

能力目标
※ 能对客户的询盘进行分析并做出有效回复。
※ 能及时有效处理客户纠纷。
※ 能对客户关系进行维护，进行二次营销。

思政与素质目标
※ 培养学生良好的沟通能力和应变能力。
※ 培养学生的多岗位协同合作意识。
※ 培养学生细心耐心精心的工匠精神、敬业精神。

项目导入

浙江致远电子商务有限公司运营人员小王按要求发货后，经理告诉他现在公司速卖通店铺还没有聘请专门的客服人员，所以客服相关事宜交由小王负责。

项目分析

客服工作对于店铺运营有着至关重要的作用,作为跨境电商客服专员,除了做好商品售前的相关工作,还需要做好客户工作,包括回复买家的询盘及各类信函、处理纠纷、客户维护开发等。

小王的主要任务有以下几个。

工作任务1:客户询盘分析
分析速卖通店铺客户发来的询盘函并进行回复。

工作任务2:客户纠纷处理
及时有效地处理速卖通店铺客户纠纷。

工作任务3:客户二次营销
对客户进行二次营销,维护老客户。

知识导入

一、跨境电商客服介绍

(一)客服工作内容

1. 售前客服,解答客户咨询

售前客服是指在订单成交前,为买家购物提供相关指导,包括购物流程、商品介绍、物流以及支付方式等。售前客服应从专业角度为客户提供关于商品的信息,推荐可以满足客户需求的商品,促进销售。

售前客服有以下四大主题。

商品相关:商品的外观功能,相关细节明细,包裹内件详情。

交易相关:关于付款方式和付款时间等交易流程咨询。

物流相关:运送地区和运送时间,能否提供快递,是否包邮等物流问题咨询。

费用相关:合并邮费、批发购买、关税,是否能优惠等费用问题咨询。

2. 售后客服,处理售后问题

售后客服解决客户在下单之后发生的问题,帮助客户尽快解决问题,为客户提供订单查询跟踪指导、包裹预期到货时间咨询以及产品售后服务对接、纠纷处理等服务。

例如,客户下单后仓库一直没发货,客服应该催促仓库尽快发货,并将发货信息及时通知客户。但是有些问题客服无法解决,比如因天气原因物流延迟了或客户收到的商品有瑕疵,客服需要安抚客户情绪,给予适当补偿,避免客户提起纠纷,降低纠纷率。

售后客服有以下四大主题。

物流相关:帮助指导客户跟踪订单,回复客户包裹预期到货时间。

售后服务相关:帮助客户相关商品的安装使用以及保养等方法。

纠纷处理：处理客户提出的各类纠纷。

二次营销：对老客户进行二次营销。

（二）客服工作原则

1. 积极主动，主导沟通

客服不只是机械性地应对客户提问，当客户提出一个问题时，作为客服应尝试理解客户问题背后的动机。

比如，当客户提出问题"这件衣服除了白色的以外有黑色的吗？"，客服可以尝试了解客户为什么想要黑色的衣服，客户提出这个问题背后的原因可能有：客户不喜欢白色；客户体型丰满想穿黑色衣服显瘦；客户所处地区排斥白色的衣服；客户因要参加某活动需要黑色衣服等。

如果客服机械性地回答客户没有黑色衣服，那么这个客户很可能就流失了；但是如果客服了解了客户问此问题背后的动机，完全可以针对客户需求推荐其他商品供客户选择。

2. 承担责任，安抚情绪

客户发起售后咨询通常是因为某些原因造成这次交易不愉快，客服在接待售后咨询时应以安抚客户情绪为第一要素。

客户提出的理由可能是卖家的责任，也可能是物流责任，甚至可能是客户自己的责任，客服面对客户提问应第一时间安抚情绪，再分辨责任。如果是卖家的责任，客服应第一时间承担责任，补偿客户损失；如果不是卖家的责任，客服可以表示对客户困扰的理解，并且积极主动帮助客户解决问题。

客服应尽量做到以下几点：

（1）提供解决方案，让买家可以选择。无论是售前推荐商品，还是售后解决问题，客服都应主动为客户提供解决方案，并且尽可能提供一套以上的解决方案供客户选择。

（2）话语柔和，善解人意。语气柔和亲切，让客户感觉到在与人沟通，而不是与机器沟通。网络沟通因没有语气、语调和面部表情，信息传达会部分损失，客服可以用笑脸表情和英文流行网络用语来弥补，拉近和客户的距离。

（3）多做一些事宜，让客户安心。如果物流延迟，客服可以主动告知客户物流运输情况，客服主动提供必要的信息可以让客户在购物和等待的过程中更有安全感，降低纠纷，提高好评率。

二、客服纠纷处理

客服纠纷处理的步骤如图8-1所示，总之，第一，查看纠纷的原因；第二，根据纠纷原因分析详情；第三，与买家协商尽量关闭纠纷，如果双方协商一致，按照协商方案执行，如果双方协商不一致，则纠纷将提交平台进行裁决；第四，确定是接受纠纷还是拒绝纠纷。具体的处理方法要根据纠纷的类型来定。

纠纷类型

在速卖通纠纷案例中，物流纠纷、运输途中纠纷、包裹被寄往或妥投在非买家地域或包裹原件退回、货不对版纠纷、恶意纠纷占了很大的比重。

项目八　客户维护操作

图 8-1　客服纠纷处理的步骤

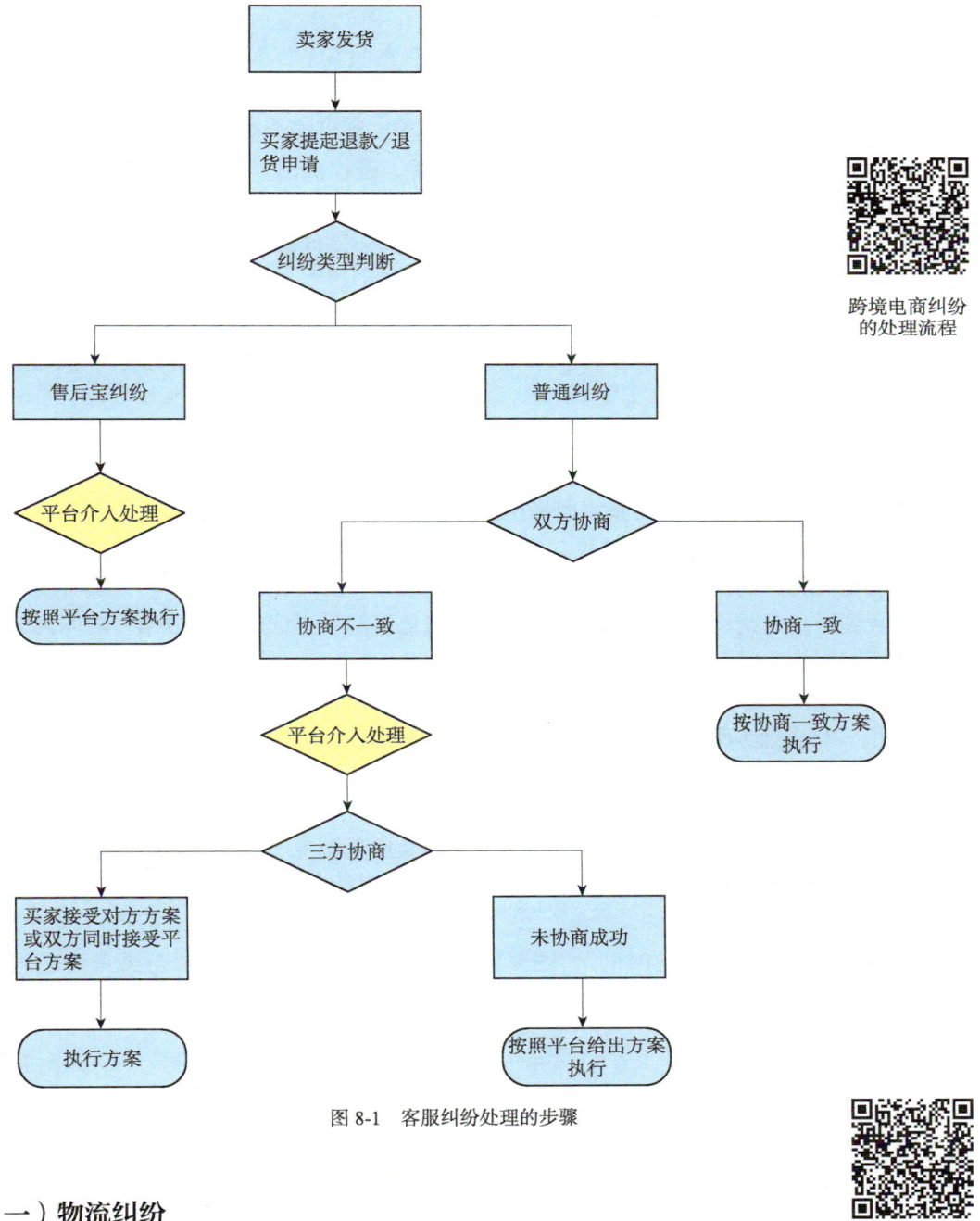

（一）物流纠纷

1. 海关扣关纠纷

海关扣关是运输途中问题中最多、最复杂的情况。它是指交易订单的货物由于海关要求所涉及的原因被进口国海关扣留，造成买家未收到货物。海关扣关的原因主要有：进口国限制订单货物的进口；关税过高，买家不愿清关；订单货物属假货、仿货、违禁品，被进口国海关查扣或销毁；申报价值与实际不符导致买家需在进口国支付处罚金；卖家无法出具进口国需要的卖家应提供的相关文件；买家无法出具进口国需要的买家应提供的相关文件。

2. 避免海关扣关纠纷建议

（1）提前了解所售货物是否为进口国限制进口的货物。

（2）提前了解是否有需要提供的进口文件。特定商品尤其是电子商品，如果缺少进口国海关所需的文件，如 CE、ROHS、箱单、产地证等，则可能会被扣关。

（3）要遵守平台规则，不得销售假货、仿货、侵权商品、违禁品，否则可能被海关查扣。有品牌 Logo 包装的货物一般需要提供品牌授权文件才能放行；若无授权被鉴定为仿牌的，被直接没收；若金额过大会对买家收取处罚金，且金额较大。侵权不仅仅涉及品牌 Logo，还有外观专利等。

（4）为避免纠纷，应该如实申报货物价值。由于虚假申报会导致海关扣关，或者目的地海关会对买家进行处罚，则卖家需要承担责任。若是由于买家要求进行虚假申报，则一定要保留证据，有利于后期裁决。

3. 处理纠纷方法

积极主动、态度诚恳地与买家协商，了解买家不清关的原因，并协助其清关；若买家因为关税过高不愿清关，可与买家协商提出是否同意双方共同承担关税。

如果买家仍然不同意支付关税，在邮政大小包寄送的情况下，尽早联系邮局开具查单，时刻关注物流官网的追踪信息，同时与买家积极联系，安抚买家情绪，防止其将商品状态修改为未收到货，系统将全款退还给买家。在物流信息显示退回时，则应第一时间同意买家纠纷，从而缩短收款时限。

若是由商业快递寄送的，要联系货代开具扣关证明，确认退运费用及关税，还应该确认当地销毁费用，以决定是应该退回还是选择当地销毁。同时仍依照前面两步不放弃与买家进行协商。

（二）运输途中纠纷

运输途中纠纷是最常见的一种物流纠纷。它是指交易中的纠纷被提交到速卖通进行裁决时，包裹在物流公司官方网站的信息，显示介于已收寄和货物已妥投之间的情形。

1. 避免纠纷建议

设定适当的"承诺运达时间"，俄罗斯最长运达时间 90 天；保留与买家沟通的聊天记录，以便后期产生纠纷时作为证据；利用第三方软件及时追踪，发现问题及时主动与买家协商，获得买家谅解。

2. 处理纠纷方法

如果货物运输时间未超过"承诺运达时间"，积极与买家沟通先关闭纠纷，劝说买家耐心等待货物送达。如果买家不同意，可以拒绝纠纷，提供在途包裹的运单号给买家，说明货物在途中，尚未超过"承诺运达时间"。如果货物运输时间已超过"承诺运达时间"，同样要积极地与买家沟通先关闭纠纷，可以帮助买家延长收货时间，如果相应期限内包裹仍未妥投，卖家可以同意全部或部分退款。

3. 相关案例

如图 8-2 所示的纠纷，该客户因为没有收到货物（纸巾架），提起货物运输途中纠纷，要求卖家全额退款。这时卖家应积极查询该订单的最新物流信息，如果是因为卖家忘记发货等操作失误造成的，就应该全额退款给客户。如果物流查询下来发现货物还在运输途中，可以发信给客户进行详细的解释，让客户先关闭纠纷，再耐心等待一段时间。

项目八　客户维护操作

```
订单号：704873808346356
买家纠纷提起原因：货物仍然在运输途中
纠纷状态：纠纷结束
　　　　　退款 US $ 10.99(RUB 734,18 py6.)，由卖家出资
　　　提醒：案件已按照平台方案结案
　　　　　了解处理流程
平台判定问题：物流异常 成立
　　　　　（平台处理意见）
```

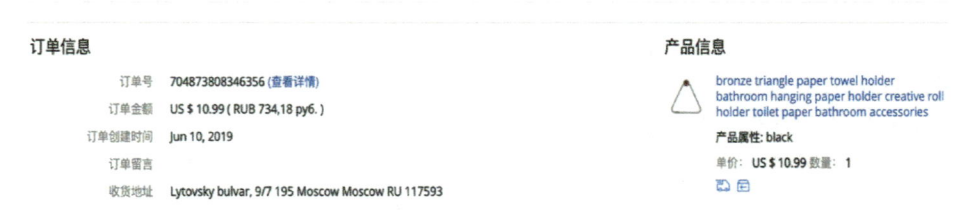

订单信息

订单号	704873808346356 (查看详情)
订单金额	US $ 10.99 (RUB 734,18 py6.)
订单创建时间	Jun 10, 2019
订单留言	
收货地址	Lytovsky bulvar, 9/7 195 Moscow Moscow RU 117593

产品信息

bronze triangle paper towel holder bathroom hanging paper holder creative roll holder toilet paper bathroom accessories
产品属性：black
单价：US $ 10.99 数量：1

图 8-2　运输途中纠纷

（三）包裹被寄往 / 妥投在非买家地址或包裹原件退回

造成此纠纷的主要原因是收货地址信息不正确。如果是买家原因导致的，有以下几种情况。

1. 地址信息不全

例如，只有城市名，没有门牌号，如图 8-3 所示。

避免纠纷建议：买家下单后，联系买家确认地址能否收到货。如果买家回复可以收到货物，保留沟通记录；若联系不到买家可以拒绝发货，从而会导致成交不卖，然后向平台客服申诉。

```
收件人：S____e
地址：Colchester, Essex, United Kingdom    地址信息不全
邮编：CO1 1UT
手机：
电话：44-1200-515290
传真：
```

图 8-3　买家地址信息不全

2. 买家姓名不完整

避免纠纷建议：积极联系买家进行全名确认，询问此姓名是否能收到货。尤其要注意，俄罗斯买家要写全名，一般为三个单词姓名，如图 8-4 所示。

处理纠纷方法：及时联系买家，并保留发货凭证和沟通记录。在确认货物无法妥投会被退回的情况下，应尽早重新发货。

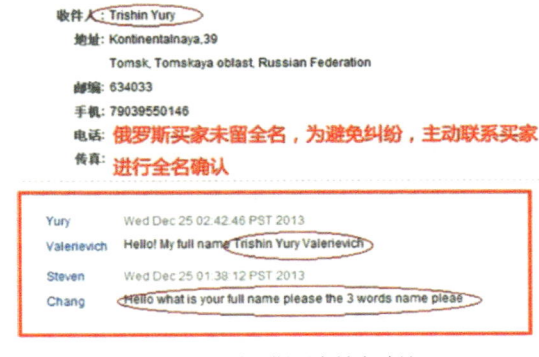

```
收件人：Trishin Yury
地址：Kontinentalnaya,39
      Tomsk, Tomskaya oblast, Russian Federation
邮编：634003
手机：79039550146
电话：    俄罗斯买家未留全名，为避免纠纷，主动联系买家
传真：    进行全名确认

Yury        Wed Dec 25 02:42:46 PST 2013
Valerievich Hello! My full name Trishin Yury Valerievich
Steven      Wed Dec 25 01:38:12 PST 2013
Chang       Hello what is your full name please the 3 words name please
```

图 8-4　俄罗斯买家姓名确认

3. 由于卖家疏忽，导致买家无法正常签收包裹

避免纠纷建议：发货前让买家确认收货地址和姓名，仔细核对信息，保留与买家的沟通记录。

处理纠纷方法：卖家先与物流联系，尝试更改买家收货地址，同时及时联系买家，说明原因并请买家谅解，强调纠纷的不良影响，希望买家能够关闭纠纷，并表示会立即重新发货，可以赠送礼品、优惠券或者保证下次买家再次购物给予力度较大的折扣。

备注：若是采用商业快递退回的，还会产生比较高的退运费。

4. 卖家私自改变运输方式

卖家私自改变运输方式的原因可能是卖家运费设置错误，在买家下单后，卖家为了节约成本、减少亏损，将 EMS 或者其他商业物流改为邮政小包；也可能是由于备货耽误，影响了发货期，而客户又着急收货，卖家就私自将 EMS 改为 DHL 等其他速度较快的快递发货。

这两种情况下，卖家未与买方沟通就私自改变运输方式，特别是将 EMS 改为邮政小包的情况下，很有可能造成丢包，也会导致延迟交货。无论哪种情况，如果产生扣关、支付关税，或客户不清关的情况，纠纷一般判定为卖家责任。

避免纠纷建议：卖家应尽量按照约定的方式发货。若不得不改变物流方式，应该及时通过各种方式与买家联系，在取得买家同意的情况下，改为买家认可的方式。卖家还应该保留买家同意改变运输方式的记录，以便后期产生纠纷时作为证据。

5. 物流信息显示货物已经妥投

物流信息显示货物已经妥投，但是买家以未收到货提起了退款申请，并且未与卖家达成一致意见，提交到速卖通平台进行裁决。

处理纠纷方法：自速卖通卖家举证开始 3 天内，卖家须提供货物妥投的证明（物流公司的物流信息截图、妥投证明等）。

6. 货物途中丢失

处理纠纷方法：和买家耐心解释是因为物流原因导致丢包的，保证会重新发货，发货时可以给买家赠送小礼物或补偿小额优惠券以表歉意，发货后应及时给客户展示新的运单。此外，要耐心说明纠纷对于自己的重要影响，希望买家关闭纠纷。

（四）货不对版纠纷

货不对版指买家收到的货物与达成交易时卖家对货物的描述不符，主要表现为：商品描述不符、质量问题、货物破损、货物短装、销售假货、虚拟商品。虚拟商品指无实物交易的商品，如 software key。发布虚拟商品卖家需要承担的风险有：一旦买家投诉卖家销售的商品为虚拟商品，订单将被取消，并将全额退款给买家。为避免产生此类纠纷，我们要做好如下事宜。

1. 商品描述真实全面

在编辑商品信息时，务必基于事实，全面而细致地描述商品。服饰、鞋类商品，要提供尺码表（图 8-5）、测量标准（图 8-6），以便买家选择，避免买家收到货后因尺寸不合适而提起纠纷。

Size Chart

Size	Shoulder (cm)	Chest (cm)	Clothes Length (cm)	Sleeve Length(cm)	Height (cm)
M	36.5	92	56	14	155-40kg
L	38	96	58	15	160-45kg
XL	39.5	100	60	16	165-55kg
XXL	41	104	62	17	170-60kg

图 8-5 女装尺码表

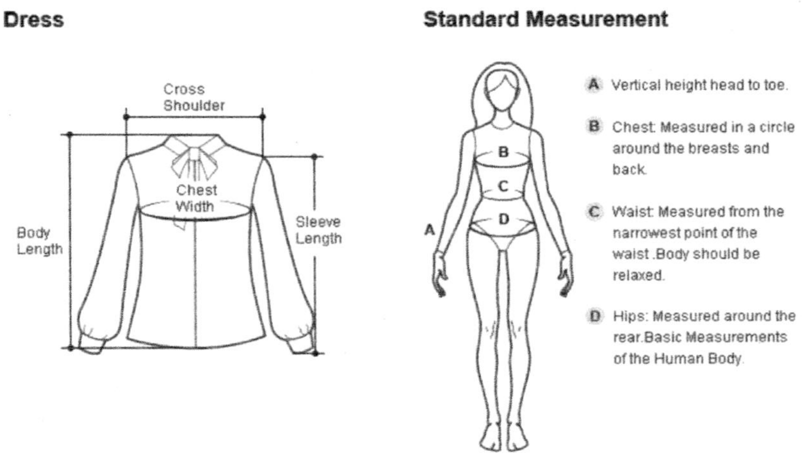

图 8-6 女装测量标准

商品颜色描述应尽量准确。由于颜色会有色差，最好配合图片标注颜色，并且在买家下单后及时跟买家确认能否接受色差，并保留买家同意色差的聊天记录。材质一定要如实描述，如箱包类商品，真皮与 PU 要写清楚；流行饰品类商品，水钻与亚克力要标注清楚；电子类商品，需将商品功能及使用方法进行全面说明，避免买家收到货后因无法合理使用而提起纠纷。不可因急于达成交易而欺骗买家，如销售的 U 盘实际容量为 10GB，却故意将容量大小描述成 256GB，此类欺诈行为一经核实，速卖通平台将严肃处理，会根据卖家货不对版情节严重程度进行扣分或"直接扣 48 分关闭账号"的处罚。

买家是根据商品的描述而产生购买行为的，买家知道的越多，其预期也会越接近实物，因此真实全面的描述是避免纠纷的关键。

2. 严把质量关

在发货前，需要对商品进行充分的检测：商品的外观是否完好，商品的功能是否正常，商品是否存在短装，商品邮寄时的包装是否抗压抗摔适合长途运输等。若发现商品质量问题应及时联系厂家或上游供应商进行更换，避免因产生纠纷而造成退换货，外贸交易中退换货的物流成本非常之高。

3. 杜绝假货

速卖通一向致力保护第三方知识产权，非法使用他人的知识产权是违法、违反速卖通规则的。

若买家提起纠纷投诉卖家"销售假货",而卖家无法提供商品的商标注册证明或授权证明,将被速卖通平台直接裁定为卖家全责,卖家在遭受经济损失的同时,也将受到平台相关规则的处罚。因此,对于违反第三方知识产权的商品,务必不要在速卖通平台上销售。

4. 切勿在平台销售虚拟商品

若买家投诉商品为虚拟商品,卖家将承担全部风险,即使买家在知情的情况下购买也将由卖家承担所有责任。

处理纠纷方法:若买家通过举证已经立案,卖家在5天内必须做出响应,在此期间,卖家应该积极与买家进行协商。在货不对版的情况下,卖家一般都可以与买家商定好退款金额,尽量减少损失。双方协商一致的情况下,平台会关闭案件;若协商不一致,平台则会核实所有的举证信息,进行下一步裁决。裁决结束后关闭案件。

【纠纷案例】

如图8-7和图8-8所示,客户提起一款纸巾架商品的纠纷,买家纠纷提起的原因为:尺寸与描述不符,并上传了实物图的证据。根据买家的描述,纠纷提起的主要原因是由于商品实物颜色与商品图片描述不符,图片上货物为白色的,而实际收到的货物为米色的。此类纠纷属于货不对版纠纷,最终买卖双方达成一致,卖家全额退款。

订单号:	704709459442999
买家纠纷提起原因:	尺寸与描述不符
纠纷状态:	**纠纷结束**
	退款 US $ 5.69(RUB 381,00 py6.),由卖家出资
提醒:	您与买家在响应期内达成一致意见,案件已按照达成一致的方案退款结案
	了解处理流程

证据

买家证据   卖家证据

图8-7 纠纷案例(纸巾架1)

买家发起纠纷   2019-06-05

买家纠纷提起原因:	尺寸与描述不符
方案:	退款 RUB 381,00 py6.
备注:	I ordered a white holder. In the photos it is white. Beige came to me (It doesn't fit my bathroom! It looks terrible! It's not like the photo. Cheap plastic and terrible color! The price is too high! I'm ready to send this product back to the seller, but at the seller's expense! I don't consider myself guilty in this situation! If the color was white, I would not open a dispute at all!
证据:	

图8-8 纠纷案例(纸巾架2)

（五）恶意纠纷

卖家很有可能会遇到各种恶意纠纷，如果恶意评价的买家想要的是部分退款，而且在可以接受的范围内，卖家可以同意其要求，将小事化无。但是，如果是十分明显且过分的恶意纠纷，卖家可以将纠纷交给平台处理。纠纷的预防方法如表8-1所示。

表8-1　纠纷的预防方法

纠纷的预防			
发货前	发货中	运输中	妥投后
产品描述适当，不夸大	拣货复核机制	收件人姓名错误通知	现金返还
性能参数表达清楚，不引起歧义	不错漏发货	收件人地址错误通知	换取新产品或其他产品
配件标准准确	妥善包装	扣关通报	提供礼品
列明发货方式、发货周期、到货分布	合理申报	定期物流跟踪	教客户如何正确使用
来货检查	更正收货人名称及地址错误	积极延期	定向优惠券
选择质量过硬产品	贵重物品拍照称重留底	安抚拖延	重复、补发
配备有技术背景的客服	出货抽检	节假日延迟预警	替代品
	订单感谢留言，付款感谢留言		部分赔偿
	发货留言（提供tracking#及查询网址）		全部赔偿
	装箱单及感谢卡		要求退货

三、老客户二次营销小技巧

（一）主动联系（各种工具的介绍）

Facebook：类似QQ的交流工具。
旺旺：直接推荐商品。
站内信：经常上速卖通淘货的顾客。
留言：多次消费的老客户。
全球交易助手：批量群发站内信。
EDM营销：老客户维护。

（二）沟通方式（表达技巧）

1.沟通的语言简明扼要并且完整

使用客户熟悉的语言，说话要有重点与层次，有礼貌但不要太官方，给人距离感。积极地用词，善用"我"代替"你"，维护企业形象。

2. 沟通时间（注意时差）

不要在这些时候沟通：对方在接待客户的时候，客户在开会的时候，客户在会议场上的时候，客户在睡觉的时候，客户在开车的时候，客户在接听另一个电话的时候，客户吃饭的时候，客户情绪不好的时候。

3. 掌握说话的节奏

控制说话的节奏，阶段性地确定你说的话客户是否听明白、了解且感兴趣；切忌只说不听，有效的聆听会让沟通事半功倍；不要打断客户说话，不仅没礼貌，还无法了解客户需求；沟通时不要太快或太慢。

4. 造成沟通困难的因素

缺乏自信，记忆力有限，缺乏条理，不能耐心聆听。

5. 沟通的后续工作

记录沟通情况并按客户要求准备所需资料，及时发送给客户，根据与客户的沟通进一步收集情报，制订后期跟进计划并用日程表进行管理。

操作示范

工作任务 1：客户询盘分析

小王进入卖家后台，发现有好几封站内信，于是单击"消息中心"中的选项"站内信"，仔细查阅，如图 8-9 和图 8-10 所示。

图 8-9　速卖通消息中心

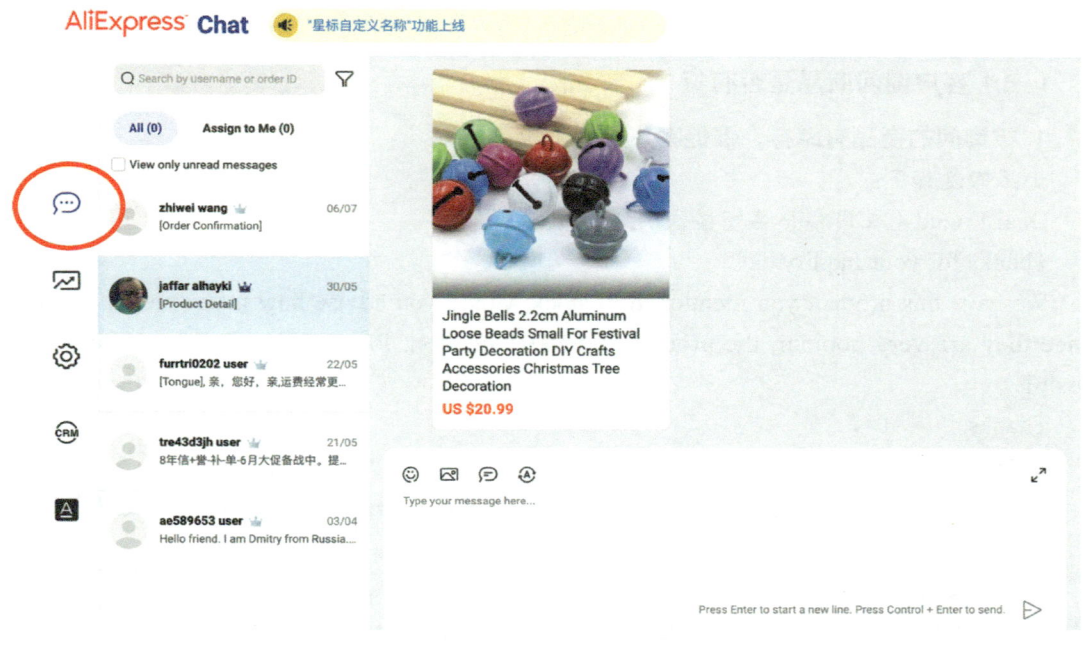

图 8-10　速卖通消息中心站内信

其中有几封询盘函，小王仔细阅读、分析并进行回复。

（一）客户询问时未指明商品

小王让客户把感兴趣的商品链接发送过来。小王的回信如下：

Dear Friend（或用客户名字替代），

Thank you for your inquiry.

Would you please provide the links for your interested products?

We are expecting to establish long term relationship with you.

（二）客户询问商品是否有更多颜色、款式

1. 产品有其他颜色、款式选择

小王直接回复：

Dear Friend（或用客户名字替代），

Thanks for your inquiry.

The one you mentioned has other color(s)/style(s) as attached. We hope they can be of interest to you.

Best Regards.

2. 商品没有其他颜色、款式选择

小王则引导客户看看店铺里的其他商品，或者基于客户的具体问询，推荐最适合客户的商品，回复如下：

Dear Friend（或用客户名字替代），

We're sorry that we don't have other color/style for it. Please do feel free to check other products in our store. We'd like to offer you our latest discount.

Best Regards.

（三）客户询问商品是否有货

1. 被询问的商品有库存，催促客户及时下单

小王回复如下：

Dear Friend（或用客户名字替代），

Thanks for your inquiry.

We have this product you mentioned in stock. Could you advise how many pieces you want? Since they are very popular, the product will sell out soon. Please place your order as soon as possible.

Thanks.

2. 被询问的商品没有库存

可以告诉客户再次到货的时间，或者推荐类似的商品给客户，推荐的商品最好有链接地址，小王回复如下：

Dear Friend（或用客户名字替代），

We are very sorry that item you mentioned is just out of stock and it will be available in two weeks. Could you please check whether the following similar ones are also suitable for you?

XXX, XXXX, XXX (link)

Thanks.

（四）客户询问物流时间

小王回复告诉客户一般货物运达到目的地所需要的时间，同时提醒客户若出现一些不可抗力因素可能会导致延迟到货。

Dear Friend（或用客户名字替代），

Thank you for your inquiry.

Generally, we would arrange your product within 2～3 business days upon receipt of your payment.

Normally international shipping would be slower than domestic. It usually takes 10～21 business days by China Post and 3～15 business days by EMS/Fedex to your country. And sometimes if some uncontrollable situations occur, such as bad weather, holiday, etc., it would be slower than that.

Thank you for understanding. We hope to receive your order.

（五）客户询问快递运费

有买家提出 free shipping 的商品大都是基于邮政小包发货的，速度比较慢，他询问有没有更快的物流方式可供选择。小王根据平台的运费计算，找出最便宜且比较快的方式提供给客户。例如，5 个毛巾挂环快递到巴西，小王告诉客户用 UPS 需要交额外的 30 美元，只需要 4～8 天即可送达，询问客户是否可以接受。

Dear Friend（或用客户名字替代），

Thanks for your inquiry.

The cheapest express way for 5 pieces of the mentioned towel rings shipping to Brazil needs about extra $30 by UPS Expedited. It only takes 4-8 days to arrive to you. Kindly advise whether it is acceptable for you.

We look forward to your early reply.

（六）客户议价

1. 单件商品不准备让价

应给出能让买家信服的理由，或告诉买家能够给予数量折扣的购买件数。小王回复如下：

Dear Friend（或用客户名字替代），

Thank you for taking interests in our item, but discount cannot be provided for 1 piece as we only have minimum profit. However, we can give 5% discount for bulk buying no less than 50 pieces.

Thank you for consideration and understanding. Looking forward to your response.

2. 可以适当降价

回复同样要给出理由，太过轻易或太大幅度的让价容易让客户产生疑虑，小王回复如下：

Dear Friend（或用客户名字替代），

Thanks for your inquiry.

As you are a new client for us / you are our most welcomed friend, we decided to accept your suggested price / offer 10% discount for the said product(s). Trust you would find the price has reached bottom in consideration of its quality.

Thanks.

工作任务 2：客户纠纷处理

小王发现店铺内有买家提起退款申请，交易进入纠纷阶段，现需进行纠纷处理。

[Step1] 回应纠纷。

小王进入速卖通卖家后台—退款/纠纷，针对未响应过的纠纷，单击"接受"或"拒绝并提供方案"按钮进入纠纷详情页面回应纠纷（图8-11）。小王需在买家提起纠纷的5天内，接受或拒绝纠纷，若逾期未响应，系统会自动根据买家提出的退款金额执行。

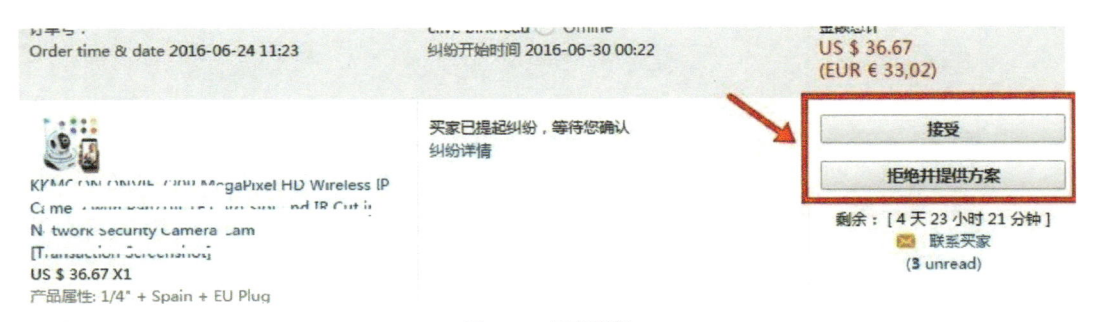

图 8-11　回应纠纷

[Step2] 进一步沟通。

若小王"接受"买家提出的协商方案，接受时平台会提示卖家确认解决方案，单击"同意"按钮（图8-12）后，按照双方达成一致的方案执行。

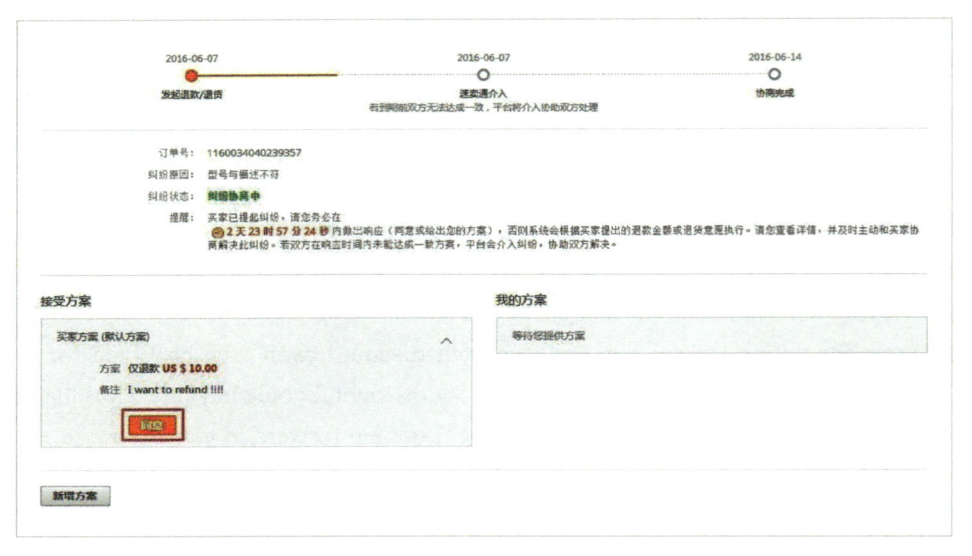

图 8-12　接受买家提出的协商方案

[Step3] 卖家提供新证据。

若小王不认可买方在协商方案中提供的证据，可选择上传新的证据提交平台，如图 8-13 所示。

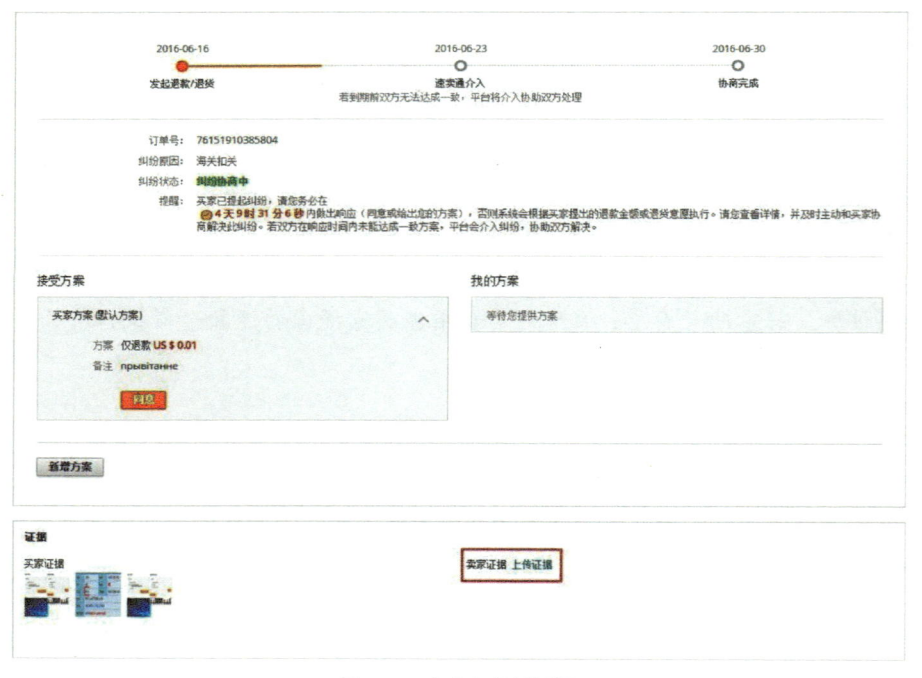

图 8-13　卖家上传新证据

[Step4] 卖家新增方案。

若小王"拒绝"买家提出的协商方案，应该主动与买家沟通协商新方案，可选择"新增方案"，提供卖方解决方案（图 8-14）。若买家接受小王提出的方案，平台则按照双方达成一致的方案执行；若买家不接受，则买卖双方需继续协商，直至纠纷解决。

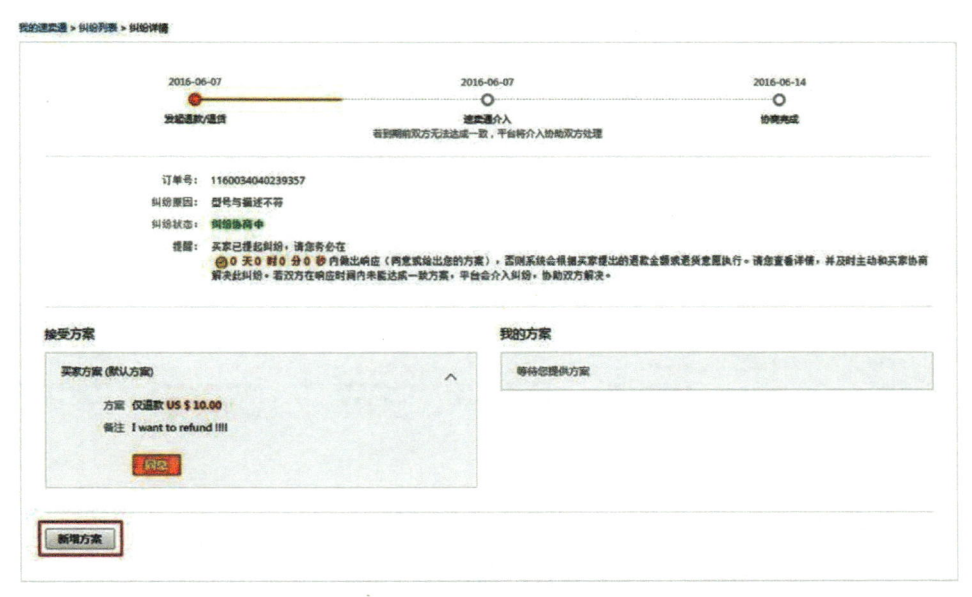

图 8-14　卖家新增解决方案

工作任务 3：客户二次营销

小王最近需要对已经在店铺购物过的客户进行梳理并进行二次营销。客户营销是卖家接触第一手客户和市场信息的最主要渠道，小王从客户的评价、购买记录、买家秀等获得客户有价值的信息。这些可以作为客户分组的依据。

[Step1] 进入"客户营销"界面。

小王进入速卖通卖家后台——营销活动，选择"客户营销"选项，如图 8-15 所示，进入"客户营销"界面，如图 8-16 所示。

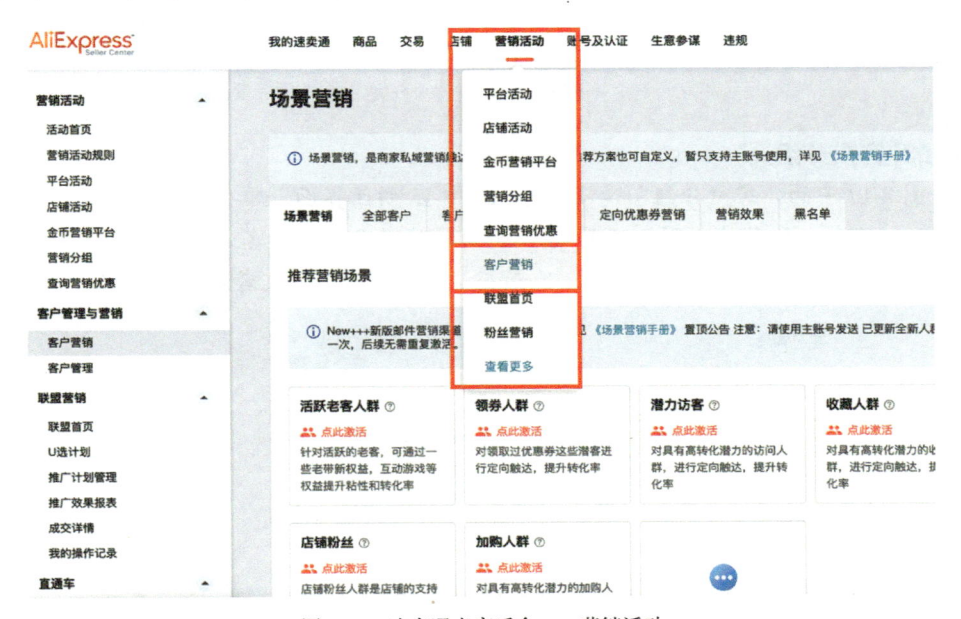

图 8-15　速卖通卖家后台——营销活动

图 8-16　客户营销

[Step2] 单击"客户管理"—"全部客户"。

可以清晰地看到页面下面有客户的 ID、国家以及一些商品浏览行为，如图 8-17 所示。

图 8-17　所有客户列表

[Step3] 客户分组。

选择图 8-17 中的"客户分组"选项，进入图 8-18 所示界面。单击"创建新分组"按钮，在方框中输入组名与分组条件（图 8-19），系统会自动将满足条件的客户分为一组。客户分组可以根据客户在店铺购物的次数或金额来分，比如买过 3 次及以上，或者采购超过 50 美元以上等。

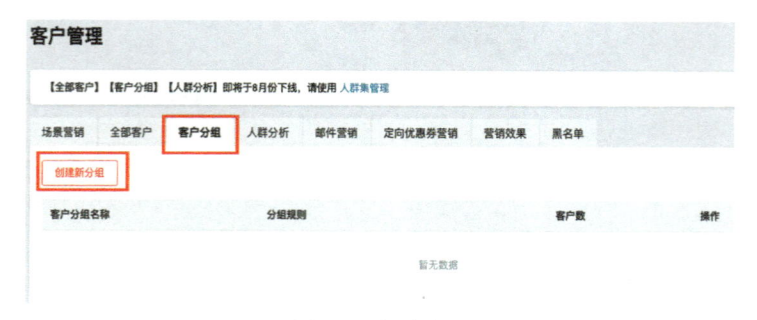

图 8-18　新建分组

项目八　客户维护操作

图 8-19　输入组名与分组条件

[Step4] 进入"发送营销邮件"界面。

客户分组完成后，单击"客户管理"—"邮件营销"—"发送营销邮件"，如图 8-20 所示。

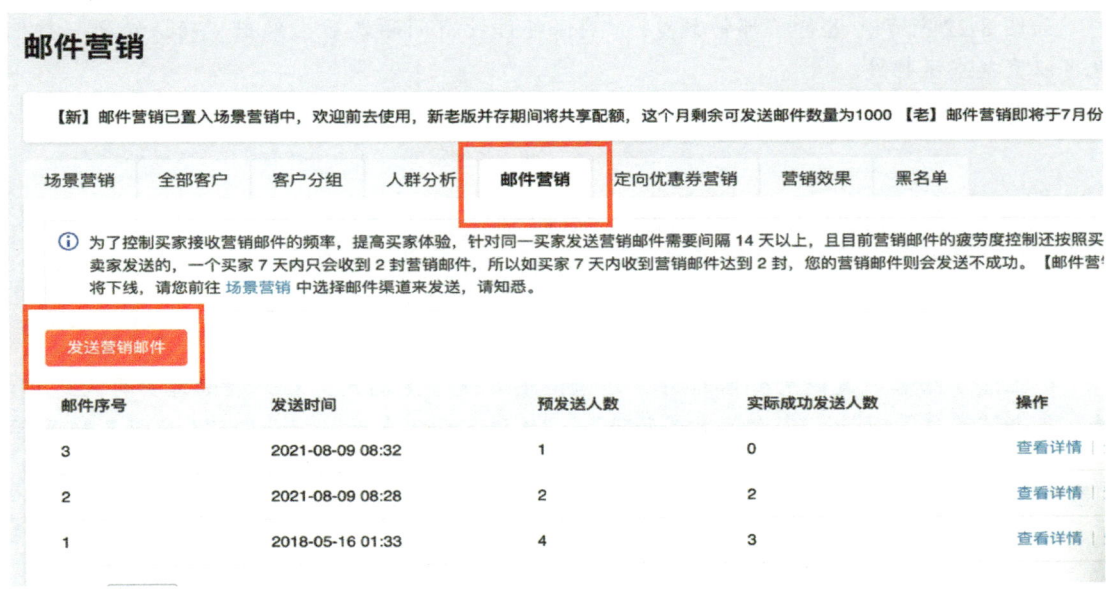

图 8-20　发送营销邮件

[Step5] 营销邮件写作。

进入图 8-21 所示的页面，第一步选择客户，然后开始写邮件。邮件的主题可以是关于节假日、问候或是店铺活动。写完邮件后，选择添加营销商品，添加自己想要推广营销的商品或者是客户需要的商品。

图 8-21　邮件写作

[Step6] 完成发送。

如图 8-22 所示，进行"邮件预览"，确保邮件没有问题之后，单击"确认发送"按钮，也可以直接发送邮件。

图 8-22　邮件预览或发送

[Step7] 发送定向优惠券。

小王除了给客户发送营销邮件外，还给他们发送了定向优惠券，激励客户再次进店购物。单击"客户管理"—"定向优惠券营销"—"发送定向优惠券"，如图 8-23 和图 8-24 所示。

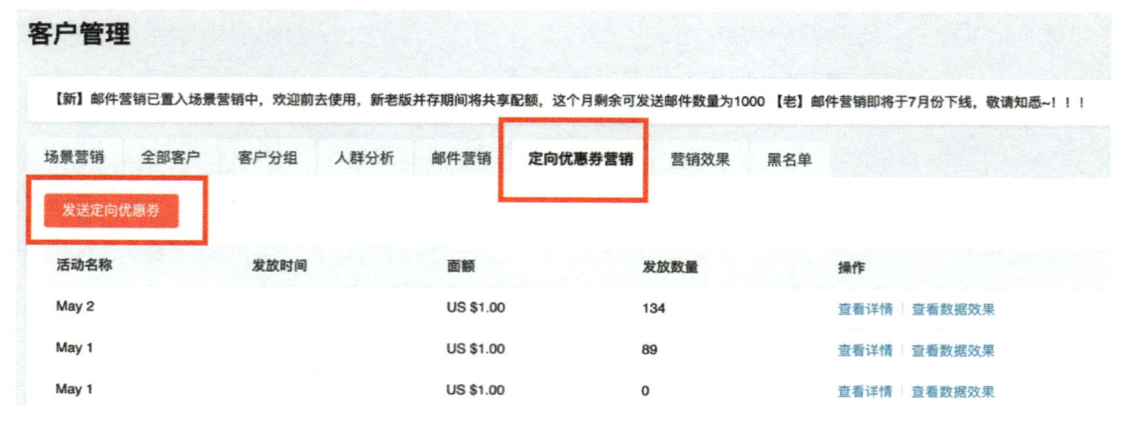

图 8-23　定向优惠券营销

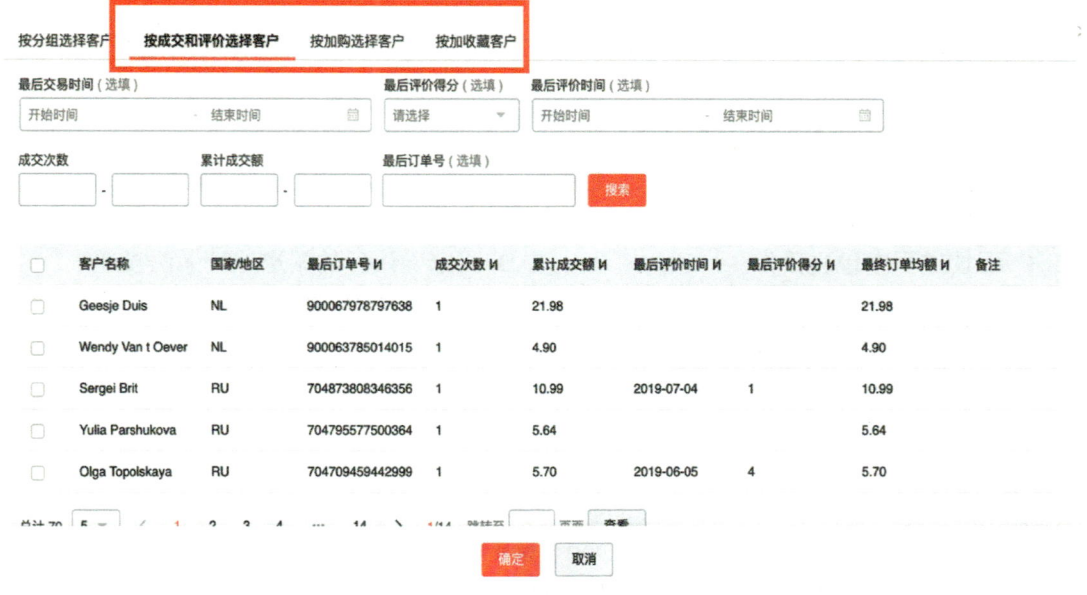

图 8-24 选择客户

思政园地

在面向个人消费者或小型零售商的跨境电子商务出口行业，中小型企业目前仍占主导。在这些中小型跨境电子商务企业里，客户服务人员的工作往往不止欢迎客户、解决纠纷投诉这些传统意义下为客户提供的服务。跨境电子商务客户服务人员的工作职责会更多地覆盖并影响销售、成本控制、团队管理等各个方面。伴随着众多卖家涌入，相关配套服务需求增加，客户服务人员的专业能力与职业素养势必成为未来跨境电子商务出口企业的核心竞争力。

在跨境电子商务中，交流与沟通是贯穿整个业务过程的。跨境电子商务的客户服务工作是卖家和境外客户之间为了达成设定的交易目标，而将信息、思想和情感在卖家和客户间进行传递，以达成共同交易协议的过程。由此可见，跨境电子商务客户服务工作承担着卖家与境外客户之间信息交换的重任，是联系买卖双方的桥梁与纽带。跨境电子商务的客户服务人员需要明确了解跨境电子商务环境下客户服务工作的流程和内容，履行岗位职责，实现工作价值，保证卖家利益不受损害。

想一想

1. 跨境电商客服人员肩负着店铺哪些方面的工作？
2. 跨境电商客服人员应具备哪些职业素养与岗位技能？

知识巩固

一、选择题（不定项选择题）

1. 顾客迟迟没有收到快递，下面选项中哪个原因可能需要追究卖家的责任？（　　）
   A. 发货前未通知买家更换指定物流　　　B. 运输过程中天气恶劣导致货损
   C. 运输过程中包裹丢失　　　　　　　　D. 买家确认后的派送地址无法投递

2. Which of the following sentences convey the meaning of"货物仍在运输途中"？（　　）
   A. We have send out your products.
   B. The order was send to you.
   C. The package has arrived at your end.
   D. Your parcel is on the way.

3. 选择一个选项将该句补充完整：Please return the wrongly delivered goods to us for（　　）.
   A. replacement　　B. replace　　C. correction　　D. service

4. 选择一个选项将该句补充完整：The item you mentioned is just out of stock and will be（　　）in three weeks.
   A. have　　B. visible　　C. available　　D. own

5. 选择一个恰当的选项将英文句子补充完整：Due to differences in Customs clearing times between the individual countries,（　　）cannot be guaranteed on all international shipments.
   A. shipping fees　　B. delivery time　　C. payment　　D. shipping cost

6. 请选择合适的选项，补充下面的英文句子：The goods you ordered are（　　）now, and we will contact our supplier to see when they are available.
   A. out of stock　　B. in stock　　C. new arrivals　　D. out stock

7. 仔细阅读下面的邮件模板，并选出正确的邮件主旨。（　　）

   Hello Sir/Madam,

   It's a pleasure to tell that the postman just picked up your item from our warehouse. It's by EMS, 5-7 working days to arrive.

   Tracking number is: *********

   Tracking web is: ********

   You can view its updated shipment on the web, which will be shown in 1-2 business days. Also our after sales service will keep tracking it and send message to you when there is any delay in shipping.

   We warmly welcome your feedback.

   ***

   A. 在商品发货后，告知买家相关货运信息
   B. 货物到达海关后，提醒货运相关进展
   C. 货物到达邮局，提醒买家给予好评
   D. 感谢评价，为此后二次交易做铺垫

8. 仔细阅读下面的邮件模板，并选出正确的邮件主旨。（   ）

Hello Sir/Madam,

This is **. I am sending this message to update the status of your order. The information shows it was handed to customs on Jan. 19. Tracking number：************. You can check it from web: ***************.

You may get it in the near future. Apologize that the shipping is a little slower than usual. Hope it is not a big trouble for you.

Best wishes,

***

A. 在商品发货后，告知买家相关货运信息
B. 货物到达海关后，提醒货运相关进展
C. 货物到达邮局，提醒买家给予好评
D. 感谢评价，为此后二次交易做铺垫

二、判断题

1. 买家下单后，卖家不能在承诺的发货期内发货，不需要沟通，如果实在发不了货可以不发货。（   ）

2. 在询盘过程中，可以在发货前针对商品录制一段视频发给客户，以便于更好地让客户了解更多信息。（   ）

3. 当客户对商品不满意的时候，客服人员应该及时回应，根据具体情况做出跟进处理及反馈。（   ）

4. 对于跨境电商后台中客户未付款的订单可以不予理睬。（   ）

5. 当货物递送至买家时，买家发现货物存在肉眼可见的货物损坏或与订单不符的情况，如货物破损、短装、严重货不对版等情况，买家当场拒绝签收的，称为有理由拒签。（   ）

操作技能训练

工作项目一

一位西班牙客户在店铺内拍下了一件纸巾架，但是迟迟没有付款，你会如何写信与客户沟通，催促客户付款？

工作项目二

店铺收到客户站内信,表示收到的毛巾挂环"材质与描述不符",要求退货退款,否则将以"货不对版"提起纠纷,你会如何处理?

工作项目三

请分组在速卖通平台或跨境电商软件平台上完成客户分组操作及定向优惠券推送操作。

参考文献

[1] 雨果网：www.cifnews.com.

[2] 速卖通平台：seller.aliexpress.com.

[3] 亚马逊平台：sellercentral.amazon.com.

[4] 速卖通大学：daxue.aliexpress.com.

[5] 速卖通大学. 跨境电商——阿里巴巴速卖通宝典[M]. 北京：电子工业出版社，2015.

[6] 肖旭. 跨境电商实务[M]. 3版. 北京：中国人民大学出版社，2020.

[7] 叶杨翔. 跟我一起学做速卖通[M]. 北京：电子工业出版社，2017.